PARA ESCRIBIRTE MEJOR 2
(Redacción y Ortografía)
SEGUNDA EDICIÓN

PARA ESCRIBIRTE MEJOR 2

(Redacción y Ortografía)
SEGUNDA EDICIÓN

ANA MARÍA MAQUEO

LIMUSA
NORIEGA EDITORES
MÉXICO • España • Venezuela • Colombia

DERECHOS RESERVADOS:

© 1998, EDITORIAL LIMUSA, S.A. DE C.V.
GRUPO NORIEGA EDITORES
BALDERAS 95, MÉXICO, D.F.
C.P. 06040
☎ 521-21-05
01(800) 7-06-91
🖷 512-29-03
💻 cnoriega@mail.internet.com.mx

CANIEM NÚM. 121

PRIMERA REIMPRESIÓN
DE LA SEGUNDA EDICIÓN

HECHO EN MÉXICO
ISBN 968-18-5528-0

IMPRESO EN DIRCA, S.A. DE C.V. • 316188 000 01 98 528

Contenido

Unas palabras para el maestro

Todos los maestros de Español reconocemos la enorme dimensión de lo que significa enseñar a nuestros alumnos a escribir bien. Es uno de nuestros grandes retos. Sabemos que el dominio de la escritura equivale a ser dueños de un instrumento invaluable para la expresión. Y también sabemos que ese instrumento es fundamental, puesto que es una de las bases para la organización del conocimiento y, finalmente, del pensamiento. ¿De qué sirve tener nuestra mente pletórica de conocimientos si no somos capaces de expresarlos? Al poder escribir bien, tendremos gran parte del camino recorrido para conducir, por buena senda, la expresión total de nuestro ser que está hecho de pensamientos, estados de ánimo y sentimientos.

Lo que se ofrece aquí es un material para la práctica de la Ortografía y de la Redacción. Se compone de una serie de ejercicios que permitirán el dominio gradual de las dificultades de estas disciplinas. Existe un camino trazado, pero tenemos conciencia de que el maestro podría adaptarlo a las necesidades propias de cada grupo. La dimensión de las lecciones es variable, de acuerdo con la dificultad que ofrece cada tema; y la realización de cada una de ellas depende del ritmo particular que le imprima cada maestro. Se decidió alternar las lecciones de Ortografía y Redacción, pero esto también tendrá su final realización en las manos de usted, maestro.

La lectura, la expresión escrita y la expresión oral son las columnas que sostienen la Modernización Educativa. Por tal razón, se considera que este manual podrá ser un excelente auxiliar en el dominio de la segunda de esas bases. Vamos, pues, maestro, a desarrollar la expresión escrita de nuestros alumnos. El camino será la práctica constante y la ejercitación, puesto que a escribir se aprende escribiendo.

El Punto y la Coma

Iniciamos nuestra práctica de la ortografía con un repaso del empleo de los signos de puntuación.

• Lee cuidadosamente esta postal.

Querida mamá:

No sabes cuánto te recuerdo y extraño. Me la he pasado de fábula aquí. Imagínate: el mar, el sol, la flojera... ¡Ay! Ojalá estuvieras conmigo, así la felicidad sería completa.

Además de vacaciones, tenemos la suerte de que estén en el puerto unos conjuntos padrísimos. Y, cosa rara, mi tío Pepe se alivianó y nos dejó ir. ¡Maravilloso todo!

Bueno, me despido, porque tengo que ayudar a mi tía en la cocina. No hay felicidad completa, ya sabes.

Un beso y miles de recuerdos con sabor de mar.

Rocío

ATENCIÓN:

> El **punto** es un signo que se usa al final de una oración. Le damos el nombre de **punto y seguido** cuando lo que decimos a continuación se relaciona estrechamente con lo que habíamos dicho antes. Usamos **punto y aparte** cuando lo que se dice a continuación se refiere a algo diferente de lo que decíamos antes. Al final de un escrito usamos **punto final**.

A Escribe una postal. Utiliza **punto y seguido**, **punto y aparte** y **punto final**.

_____

_____

_____

_____

• OBSERVA:

C. Lic. Guadalupe Martínez Ávila
Sr. Dr. Javier Estrada Morales

ATENCIÓN:

Se usa **punto** después de las abreviaturas.

B Agrega los puntos que faltan.

C Ing José Manuel Díaz Bueno
Fac de Ingeniería
Sría de Asuntos Escolares
U N A M
presente

Estimado ingeniero:

Me permito presentar a usted al Sr Jorge Ruiz, el ingeniero
de quien le hablé
El ingeniero Ruiz le explicará el asunto de que se trata
Le agradezco todas sus atenciones

Atte
Ing Roberto González

RECUERDA:

La ortografía es cuestión de práctica.

• Lee cuidadosamente.

Marcela compró varias cosas: libros, cuadernos, lápices,
colores y un compás.
El parque es bonito, soleado y tranquilo.

ATENCIÓN:

> Usamos **coma** para separar los elementos de una serie de nombres, adjetivos o verbos, excepto el último cuando está precedido por alguna de las conjunciones **y, e, o, ni.**

C Agrega las comas que faltan.

1. En la Casa de la Cultura hay clases de piano gimnasia danza y pintura.
2. La vida en la provincia es más agradable sana tranquila y mucho más barata.

• Lee con atención.

> Unos corrían, otros cantaban, y los demás jugaban y gritaban en voz muy alta.

ATENCIÓN:

> Se usa **coma** para separar oraciones cortas que aparecen seguidas, aunque lleven la conjunción **y.**

D Agrega las comas que faltan.

1. Es muy buena amiga sabe escuchar opinar con sensatez y ser solidaria.
2. Regresamos tardísimo mojados y con mucho frío nos bañamos cenamos y nos fuimos a dormir.
3. Jorge se levantó intranquilo vio la hora caminó un poco de aquí para allá se volvió a sentar y prendió un cigarro.

OBSERVA:

> No iría, aunque pudiera.
> El departamento es bonito, pero está muy lejos.
> Todos querían participar, mas no fue posible.

ATENCIÓN:

> Antes de las conjunciones adversativas (pero, sino, mas, aunque) se pone una **coma**; en particular cuando la primera oración tiene cierta extensión.

E Escribe una oración utilizando **pero**, **aunque**, **sino**, **mas**. No olvides las comas.

_____

_____

_____

_____

- Lee algún cuento que te guste. Observa el uso de las comas. Coméntalo con tu maestro y tus compañeros.

RECUERDA:

> La buena ortografía también es resultado de la observación.

- Observa los ejemplos.

> Me parece que es, en efecto, una buena decisión.
> Dice el doctor que, tal vez, salga la próxima semana.
> Carlos dice que, finalmente, le dieron el coche.

ATENCIÓN:

> Van **entre comas** las expresiones: esto es, además, tal vez, por último, en efecto, es decir, en fin, sin embargo, quizá, por ejemplo, no obstante, o sea, hasta cierto punto, etc...

F Agrega las comas que faltan.

1. Estaba muy lleno pero finalmente entramos.
2. No sé es decir no estoy segura.
3. Es muy inteligente además estudia mucho.
4. La exposición fue buena sin embargo a mí no me gustó.
5. Miguel no puede quizá Fernando se anime.
6. Quiero decir por último que estamos contentos.

G Copia un fragmento de una nota del periódico. Pon especial atención en las comas empleadas en él. Comenta su uso con un compañero. En caso de duda, discútanlo en equipo y con el maestro.

_____

_____

_____

_____

_____

_____

_____

_____

_____

_____

_____

_____

2 Vamos a escribir

En tu curso de Redacción de primer año, aprendiste a escribir desde oraciones sencillas hasta párrafos y algunas cartas. Vamos ahora a iniciar estas primeras lecciones del segundo curso con un repaso general del año anterior, con el objeto de continuar adquiriendo las bases necesarias que nos permitirán llegar a la redacción de textos cada vez más elaborados.

* Sabemos ya que el orden adecuado de las palabras dentro de la oración contribuye a darle claridad a nuestra expresión escrita. En muchas ocasiones, al alterar el orden de los elementos de una oración, volvemos nuestra escritura confusa o inexacta.

RECUERDA:

> Debes expresar con **claridad** y **exactitud** lo que piensas.

A Reescribe las siguientes oraciones siguiendo el orden lógico.
Ejemplo: A vivir mejor nos ayuda la gente.
La gente nos ayuda a vivir mejor.

1. Por miedo al perro yo no quería salir.

2. Muy contento en el aeropuerto nos recibió papá.

3. Mucho se distrae Lucila en el laboratorio de Biología.

4. Regresé del paseo a caballo muy cansado.

5. Con el interior de la casa comunicaba un pasillo.

6. Van a trabajar muchos hombres a la frontera.

B Redacta oraciones claras y sencillas con los elementos que se dan y otros que tú agregues. Escribe dos posibilidades para cada una. Escribe también una versión poco clara o inexacta con los mismos elementos.

Ejemplo: (mis compañeros-el lunes pasado-ganar)

1. El lunes pasado mis compañeros ganaron el juego de básquet contra el equipo "Águilas".
2. Mis compañeros ganaron el juego de básquet contra el equipo "Águilas" el lunes pasado.
3. El lunes pasado ganaron el juego de básquet mis compañeros contra el equipo "Águilas".

1. (llamar- nunca-mis primos)

2. (después de cenar- recibir-noticia)

3. (casi siempre-Marcela-quejarse)

4. (bebé-llorar-toda la noche)

5. (tener frío-a veces-en las mañanas)

6. (ponerse furiosos-la semana pasada-perder)

C Cambia las oraciones al plural.

> Ejemplo: El alpinista llegó a la cima.
>
> Los alpinistas llegaron a la cima.

1. El hombre primitivo vivía en cuevas.

   _____

2. La nube acumula la lluvia.

   _____

3. El ser humano nace, crece y muere.

   _____

4. El termómetro indica la temperatura.

   _____

5. Me senté un rato en el parque.

   _____

6. La medicina le hizo efecto rápidamente.

   _____

• Ahora recordamos otros casos de concordancia.

D Construye oraciones. Observa que el verbo va en singular porque el sustantivo, aunque se refiere a varias cosas, gramaticalmente es singular.

> Ejemplo: (la serie)
>
> La **serie** de ejercicios de álgebra ya **está** resuelta.

1. (un conjunto)

   _____

2. (una gran parte)

   _____

3. (el resto)

   _____

4. (la mitad)

   _____

5. (el 50%)

   _____

- Cuando transformas una oración negativa en afirmativa, puede haber cambios (nadie × todos, nunca × siempre). Atiende a la concordancia.

E Cambia al afirmativo las oraciones negativas. Usa palabras como **si, siempre, todos,** etc.

Ejemplo: **Nadie escuchó** la advertencia del prefecto.

Todos escucharon la advertencia del prefecto.

1. Nadie hizo honores a la bandera.

2. Sergio nunca quiere ir a una fiesta.

3. Celia no sabe bailar música moderna.

4. Nadie vino a presentar examen de inglés.

5. Ellos nunca participan en las actividades extraescolares.

6. Nadie respeta las señales de tránsito.

F Contesta la pregunta con una oración completa. Emplea alguno de los siguientes sujetos:

el pelotón, la mayoría, la multitud, la gente, la orquesta, el grupo 2° "C".

1. ¿Quién hacía tanto ruido?

2. ¿Quién votó por la planilla "A"?

3. ¿Desfilaron todos los soldados?

4. ¿Quién participó en el concurso?

La coma

- En esta lección continuaremos hablando de los signos de puntuación. Te presentamos unos textos en los que puedes observar el empleo de la coma.

A Lee en voz alta cada uno de los textos, haciendo una pausa cada vez que encuentres una coma.

B Encierra en un círculo rojo cada una de las comas que hay en los textos.

AMOR EN LA RECTORÍA

Amor imposible aquél que sucedió entre el pozo de la rectoría y el campanario. Cuadrado uno, redondo el otro, si es que esto quiere decir necesariamente algo, creo que no. El pozo, esperando que el campanario osase reflejarse en él. El campanario, con aquel complejo de pozo hacia arriba que no consiguió superar nunca. Los dos, pensando erróneamente que eran el uno el molde del otro.

JOSEP-VICENT MARQUÉS,
Amores imposibles.

CALOR

Imaginaos una isla en el trópico sin ninguna sombra. Perfecta: una fuentecilla, la playa siempre cubierta de mariscos despistados, zarzamoras y otros arbustos que dan postres y una hierba suave donde apetecería tumbarse si no fuera por el calor. Pero hace calor, un calor espantoso y hasta el mar está caliente y el agua de la fuentecilla también sale caliente. Tú no puedes más. Entonces, lleno de desesperación, te lanzas por el acantilado y, cuando caes, a punto ya de aplastarte contra los escollos, ves una gruta magnífica donde podrías haber llegado fácilmente nadando.

Lo he soñado muchas noches.

JOSEP-VICENT MARQUÉS,
Amores imposibles.

HISTORIA DE UN JOVEN CELOSO

Había una vez un hombre joven que estaba muy celoso de una joven muchacha bastante voluble.

Un día le dijo: "Tus ojos miran a todo el mundo." Entonces, le arrancó los ojos.

Después le dijo: "Con tus manos puedes hacer gestos de invitación." Y le cortó las manos.

"Todavía puede hablar con otros", pensó. Y le extirpó la lengua.

Luego, para impedirle sonreír a los eventuales admiradores, le arrancó todos los dientes.

Por último, le cortó las piernas. "De este modo, se dijo, estaré más tranquilo."

Solamente entonces pudo dejar sin vigilancia a la joven muchacha que amaba. "Ella es fea —pensaba—, pero al menos, será mía hasta la muerte."

Un día volvió a la casa y no encontró a la joven muchacha: ella había desaparecido, raptada por un exhibidor de fenómenos.

HENRI PIERRE CAMI,
en *El libro de la imaginación.*

LA CÁMARA MÁGICA

Una vez, en una aldea de la parte baja del río Yukón, se dispuso un explorador a tomar con su cámara fotográfica una vista de la gente que transitaba por entre las casas. Mientras enfocaba la máquina, el jefe de la aldea llegó e insistió en fisgar bajo el paño negro. Habiéndosele permitido que lo hiciera, estuvo contemplando atentamente por un minuto las figuras que se movían en el vidrio esmerilado y después, de súbito, sacó la cabeza y gritó a la gente con toda su fuerza: "Tiene todas vuestras sombras metidas en la caja."

JAMES GEORGE FRAZER,
La rama dorada,
en *El libro de la imaginación.*

¿POR QUÉ?

En el sueño, fascinado por la pesadilla, me vi alzando el puñal sobre el objeto de mi crimen.

Un instante, el único instante que podría cambiar mi designio y con él mi destino y el de otro ser, mi libertad y su muerte, su vida o mi esclavitud, la pesadilla se frustró y estuve despierto.

Al verme alzando el puñal sobre el objeto de mi crimen, comprendí que no era un sueño volver a decidir entre su vida o mi libertad, entre su muerte o mi esclavitud.

Cerré los ojos y asesté el golpe.

¿Soy preso por mi crimen o víctima de un sueño?

EDMUNDO VALADÉS,
en *El libro de la imaginación.*

PROMESA CUMPLIDA

Un día volvió Azora de un paseo, muy enojada y profiriendo grandes exclamaciones.

—¿Qué tenéis, querida esposa —le dijo Zadig—, qué es lo que ha podido poneros fuera de vos?

—¡Ay! —respondió ella—, os pasaría lo mismo si hubieseis visto el espectáculo del cual acabo de ser testigo. He ido a consolar a la joven viuda Cosru, que acaba de elevar hace sólo dos días, un monumento funerario en memoria de su joven esposo, cerca del arroyo que bordea este prado. Prometió a los dioses, en su dolor, permanecer al lado de la tumba mientras por allí corriese el agua del arroyo.

—Y bien —comentó Zadig—, he ahí una mujer estimable y que amaba realmente a su marido.

—¡Ah! —prosiguió Azora—, si supieseis en qué estaba ocupada cuando fui a visitarla!

—¿En qué, bella Azora?

—Estaba desviando el curso del arroyo.

VOLTAIRE,
Zadig,
en *El libro de la imaginación.*

C Al leer los textos anteriores te habrás dado cuenta de que hay diferentes empleos de la coma. A continuación te damos otras reglas sobre el uso de este signo de puntuación. Estúdialas.

1. Se usa **coma** antes y después de un vocativo (las palabra o palabras que se emplean para dirigirse directamente a una persona o para llamar a alguien). Cuando el vocativo va al principio de la oración, lleva la coma después; cuando está intercalado, va entre comas.
   Ejemplos: Querida hermana, necesito informarte que...
   Es necesario, querida hermana, que te informe que...

2. Se pone **coma** en el lugar de un verbo que se suprime.
   Ejemplo: Los niños quieren refresco; nosotros, cerveza.

3. La conjunción **pues** cuando es continuativa va **entre comas.**
   Ejemplo: Deseo, pues, que se sientan cómodos aquí.

   Cuando es causal, va precedida por una **coma.**
   Ejemplo: No pudieron venir, pues no sabían la dirección.

4. Se usa **coma** para separar oraciones cuyo núcleo es un gerundio o un participio.
   Ejemplos: Viendo ese programa, me acuerdo de ustedes.
   Terminada la discusión, todos pasaron a sus lugares.
   Es conveniente arreglar este aparato, consultando el manual.

5. Se usa una **coma** para separar las oraciones cuando se invierte su orden lógico.
   Ejemplo: Te hablo si me desocupo temprano.
   Si me desocupo temprano, te hablo.

   No podría prestártelo aunque lo tuviera.
   Aunque lo tuviera, no podría prestártelo.

6. Las oraciones explicativas van **entre comas**.
   Ejemplo: Los niños, que tenían mucha prisa, se despidieron.

7. Van **entre comas** las oraciones incidentales (en las que se cita al autor de lo que se dice o en las que se aclara, explica o amplía lo que se comunica).

Ejemplo: La verdad, dijo la maestra, creo que han estudiado poco.

Las flores, que se dan muy bien en esta región, son para exportación.

La doctora, una persona muy competente y amable, nos felicitó.

> Es necesario que sepas que, en muchas ocasiones, la puntuación es vacilante, sobre todo en lo que se refiere al empleo de la coma. Esto quiere decir que, a veces, se usa o no según el estilo del que escribe. Por eso resulta muy conveniente leer a buenos escritores en español y analizar el empleo que hacen de los signos de puntuación, en particular de la coma.

D Trabaja ahora con los textos que se dieron antes. Explica, valiéndote de las reglas que ya conoces, la razón por la cual se emplearon todas las comas que tienes encerradas en círculos. Reflexiona sobre su empleo.

E Intercala oraciones o frases explicativas. Sepáralas por medio de comas.

Ejemplo: La fruta es la principal fuente de ingresos del pueblo.

La fruta, que en esta región se da muy bien, es la principal fuente de ingresos del pueblo.

1. Los muchachos llegaron corriendo.

2. Las estrellas se ven con gran claridad.

3. El maíz se ha dado bien este año.

4. Esa escuela tiene muy buenos maestros.

Escribir y completar oraciones (nexos)

- Tú ya conoces las siguientes palabras.

y	para que	ya que
porque	aunque	pero
por eso	además	puesto que

Tienes razón. Son los **nexos** que utilizas para enlazar oraciones. Algunos tienen el mismo significado y nos sirven para evitar la pobreza de vocabulario, como es el caso de **porque, ya que, puesto que**.

> Los nexos **porque, ya que, puesto que** expresan causa, razón o motivo.

A Cambia el nexo de las siguientes oraciones por uno equivalente.
   Ejemplo: No presentó examen porque estaba enfermo.
   (ya que) No presentó examen ya que estaba enfermo.

1. Luisa preparó un pastel puesto que Mario cumplió años.
   (porque) _____

2. Papá tomó un taxi ya que su automóvil no circula los jueves.
   (puesto que) _____

3. Ángela se cambió de escuela porque se fue a vivir a la provincia.
   (ya que)_____

4. Se citará a los alumnos en el patio ya que se les leerá el reglamento.
   (porque) _____

5. No dejamos entrar al perro porque estaba recién bañado.
   (puesto que) _____

6. Carlos saltó de gusto puesto que le avisaron del premio.
   (ya que) _____

- Recuerda también los nexos **y, además, aunque, pero, para que.**

> Los **nexos** son palabras que sirven para enlazar unas ideas con otras con el objeto de expresar nuestros pensamientos en forma clara y ordenada.

B Elige un nexo del paréntesis y completa la oración.

Ejemplo: Regresamos de Morelia inmediatamente (y, aunque, además)

Regresamos de Morelia inmediatamente **aunque** estábamos a gusto.

1. Arturo levantó la voz (y, aunque, además)

2. Todos los exalumnos votaron por Raúl (pero, además, aunque)

3. Amelia quiere un vestido (aunque, y, para que)

4. Los exámenes finales son difíciles (para que, y, además)

5. Hoy llega mi tío de Veracruz (además, pero, para que)

6. El presidente de México se reunió con el de Estados Unidos (y, además, aunque)

7. El ciclón perjudicó a los habitantes de la costa (pero, además, para que)

8. Nuestro equipó quedó en tercer lugar (y, aunque, pero)

C Forma oraciones eligiendo un componente de cada columna. Marca las oraciones con diferentes colores.

1. Luis es muy capaz	excepto	lo obligue el profesor.
2. No hará la práctica	si no	la tercera del concierto.
3. Va a apagar el radio	a menos que	no lo demuestra.
4. Me gustaron todas las canciones	a pesar de que	no hubiera venido.
5. Luisa lo invitó	a fin de que	podamos estudiar.

D Añade dos ideas. Únelas con los nexos que se dan, en el mismo orden en que se presentan. Así, lograrás escribir bloques de ideas más extensos y complejos.

> EJEMPLO: Es necesario ir a la biblioteca (que, porque)
>
> Es necesario ir a la biblioteca **que** está cerca de aquí **porque** no queremos alejarnos mucho de la casa.

1. Tuvieron que irse a su casa (aunque, pero)

   _____

2. Oscar no trabajó dos días (porque, y)

   _____

3. La excursión será inolvidable (ya que, para que)

   _____

4. Rosana guisa en las tardes (porque, que)

   _____

5. Mi hermano no sabe manejar en carretera (pero, ya que)

   _____

6. Los vecinos no cooperan con su cuota (aunque, y)

   _____

5 Usos de B

En el libro uno estudiamos algunos usos de la **b**. Vamos a recordarlos.

OBSERVA:

bravo	**br**eve	**br**isa	**br**oma	**br**uma
ta**bl**a	ta**bl**ero	ta**bl**ita	ta**bl**ón	**bl**usa

RECUERDA:

> Antes de **l** y **r** siempre se escribe **b**.

A Completa con **bra, bre, bri, bro, bru**.

____cear	____vata	____sil	____nce	a____zo
____cha	enhe____r	em____jar	a____char	____ncar
____mante	____mista	____ces	a____llantar	octu____
a____gar	a____pto	hom____	____ña	tene____so
____zo	co____	estam____	sem____dío	____squedad
____jo	a____mar	li____	ca____ro	____tar
____dicardia	____a	____zna	____jula	____sa
ca____to	em____ón	____o	co____dor	____vedad

- Escribe varias veces las palabras. Así se aprende ortografía: con la práctica.

B Busca en el diccionario el significado de las palabras del ejercicio anterior que no conozcas. A continuación, empleando tu propio criterio, forma tres listas con ellas, según las consideres de uso frecuente, poco frecuente o uso esporádico. (En este último debes colocar las palabras que sean desconocidas para ti.) Trabaja en una hoja de bloc, intercambia tu trabajo con el de un compañero y comenta las diferencias.

RECUERDA:

> La ortografía es también cuestión de práctica. Repite muchas veces las palabras en tu cuaderno.

C Completa con **bla, ble, bli, blo, blu**.

do____do   ensam____   pue____   visi____

____sfemia   su____me   ta____ro   ____són

____sa   do____   pú____co   temi____

o____cuo   ____que   esta____   nu____do

bi____oteca   ____nco   ____ndo   desprendi____

D Busca el significado de las palabras que no conozcas en el diccionario y escríbelas en tu cuaderno.

E De acuerdo con las definiciones, coloca la palabra que corresponda en el crucigrama.

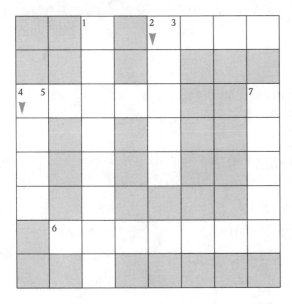

1. Cualidad de blanco.
2. Barrena que se usa en el taladro.
3. Libro para apuntes con hojas desprendibles.
4. Energía y decisión con que se hace algo. Ánimo. Empuje.
5. Miembro del cuerpo que comprende desde el hombro hasta la extremidad de la mano.
6. Barrita imantada que por uno de sus extremos se orienta hacia el polo norte magnético.
7. Prenda de vestir con mangas que usan las mujeres.

F Forma familias de palabras.

EJEMPLO:

		brillo
	brillante	abrillantar
		brillantez

bravo	_____	blanco	_____
	_____		_____
blasfemia	_____	broca	_____
	_____		_____
blindar	_____	bloque	_____
	_____		_____

• Escribe varias veces las palabras.

OBSERVA:

submarino   **bi**labial   **bis**iesto   **biz**cocho

RECUERDA:

> Las partículas **sub, bi, bis** y **biz** se escriben con **b.**

G Completa con **sub, bi, bis, biz.**

_____yacente	_____cocho	_____nomio
_____abuelo	_____furcarse	_____terráneo
_____nario	_____sílaba	_____lingüe
_____noculares	_____rayar	_____motor

• Practica las palabras en tu cuaderno.

H Busca los significados de las partículas **sub, bi, bis** y **biz** y escríbelos con tus propias palabras.

_____

_____

_____

_____

I Marca con el mismo color la palabra y su significado. Emplea doce colores diferentes.

binocular	El padre del abuelo.
subrayar	Avión equipado con dos motores.
bisílaba	Que yace o está debajo de otra cosa.
binomio	Pan de dulce sin levadura.
bilingüe	Dividirse en dos ramales.
bizcocho	Utensilio óptico que se emplea con los dos ojos.
bisabuelo	Que habla dos lenguas.
binario	Expresión algebraica formada por la suma o diferencia de dos monomios.
bifurcarse	De dos sílabas.
subterráneo	Formado por dos elementos o unidades.
subyacente	Trazar una raya horizontal abajo de una palabra o palabras.
bimotor	Que está debajo de la tierra.

J Comenta con tu maestro y tus compañeros acerca del uso frecuente o poco frecuente de las palabras anteriores. Escríbelas en tu cuaderno.

K Elige la palabra del cuadro que quede bien en las oraciones. Escríbelas.

sucumbir	símbolos	semblante
semblanza	cabritilla	sombrío

1. Raúl está enfermo. Tiene muy mal _____.
2. En la clase de Historia nos dieron una _____ de don Porfirio Díaz.
3. Los _____ patrios son muy importantes.
4. Me pareció un lugar muy _____.
5. La palabra _____ es de uso poco frecuente.
6. _____ quiere decir ceder, rendirse, someterse, morir o padecer.

J Escribe una palabra de la misma familia de la que se da, terminada en **-bilidad.**

Ejemplo: visible visibilidad

1. amable _____
2. culpable _____
3. irritable _____
4. sociable _____
5. posible _____
6. visible _____
7. probable _____
8. honorable _____

9. estable _____
10. respetable _____
11. flexible _____
12. adaptable _____
13. responsable _____
14. sensible _____
15. contable _____
16. confiable _____

Escribir oraciones (nexos)

- Recuerda que hay otro tipo de nexos, aquellos que introducen una oración equivalente a un adjetivo (cualidad o defecto del sustantivo).

A Cambia la palabra en negritas por una oración explicativa.

Ejemplo: La silla **rota** era de tu salón.

La silla **que se rompió ayer** era de tu salón.

1. Un camión **volteado** interrumpió la circulación.

2. Los alumnos **retrasados** se regresaron a sus casas.

3. El libro **agotado** era de Gabriel García Márquez.

4. Causó serios daños el río **desbordado** en Veracruz.

5. La comida **casera** tiene mejor sabor.

6. Está progresando la industria **mexicana**.

7. Los modelos **descontinuados** quedan fuera de circulación.

8. Los personajes **legendarios** aparecen en los cuentos antiguos.

- Ahora vamos a repasar los nexos **como**, **donde**, **cuando**.

B Agrega una oración con el nexo correspondiente.

Ejemplo: Aquellas vacaciones trabajamos en la biblioteca
como lo habíamos planeado desde antes.

1. La glorieta _____
(donde)
está cubierta de flores de Nochebuena.

2. El lunes pasado _____
(cuando)
no supe si vendrías por mí en la tarde.

3. El restaurante _____
(donde)
nos lo recomendó mi amigo Julio.

4. Ahora _____
(como)
siempre termino suspirando.

5. Esa tarde _____
(cuando)
te entregué los boletos de la graduación.

6. Marisa cocinó el conejo _____
(como)

7. En el teatro _____
(donde)
también presentan obras infantiles.

8. En el festival de fin de año tuvimos que ver el espectáculo_____

_____ . (como)

* A continuación vamos a practicar construcciones con los nexos **que, quien(es)**. Recuerda que **quien** y **quienes** sólo se usan con personas y pueden ir antecedidos de las preposiciones **a, para, de, con, en, por**, etc.

C Escribe una oración y después una pregunta. Usa el nexo que corresponda.

Ejemplo: Le entregaron la lista **a** un prefecto.

El prefecto **a quien** le entregaron la lista no viene los lunes.

¿Qué días no viene el prefecto a quien le entregaron la lista?

1. Los oyeron acusar a sus compañeros de tercer año.

2. Los jugadores apoyaron a su entrenador de futbol.

3. Pedí un platillo especial para mi tío Miguel.

4. Alicia depositó su confianza en Pedro.

5. Los niños se fueron a pasear con sus papás el fin de semana.

6. En la clase de Español nos hablaron del escritor mexicano Juan Rulfo.

7. Preguntamos en el hospital por una enfermera eficiente.

8. Escuchamos cantar varias veces a ese conjunto español.

• Una vez que has recordado los usos de varios nexos, puedes emplearlos para encadenar una serie de oraciones.

Con los **nexos** enlazas las ideas.

D Forma una oración con las tres que se dan. Usa los nexos **que, quien, como, donde, cuando.**

Ejemplo: La señora Ochoa vive en Cancún.

La señora Ochoa es viuda.

En Cancún la quieren mucho.

La señora Ochoa, que es viuda, vive en Cancún donde la quieren mucho.

1. Unos muchachos me llamaron por teléfono.
Los muchachos querían informes sobre el club.
En ese club jugamos futbol.

2. No encontré el paquete.
Lo estaba buscando en el clóset.
Lo había dejado en ese clóset.

3. Arturo está muy molesto.
Arturo es el jefe de grupo.
No trajo el uniforme y no puede salir.

4. Teresa fue a la enfermería.
Teresa no se sentía bien.
En esa enfermería trabaja mi tía.

5. Mónica vio el accidente.

   Mónica se asustó mucho.

   El accidente ocurrió frente a su casa.

   _____

   _____

6. Mis hermanos se escondieron en la azotea.

   Mis hermanos estaban muy preocupados.

   En esa azotea me escondí yo también.

   _____

   _____

E Escribe oraciones compuestas por tres ideas. Introduce las ideas con los nexos que ya conoces.

   Ejemplo: La persona que nos trajo el recado trabaja en la misma oficina donde trabaja mi papá.

   _____

   _____

   _____

   _____

   _____

   _____

   _____

   _____

   _____

   _____

   _____

   _____

Usos de V

Vamos ahora a recordar algunos usos de la **v**.

OBSERVA:

preventivo   **pri**vado   **pro**visiones

RECUERDA:

> Después de **pre, pri,** y **pro** usamos **v.** Hay excepciones. Las de uso más frecuente son: **prebenda, probar, probeta, probo** y **probable,** así como sus derivados y compuestos.

A Completa con **prev, priv, prov**.

_____enido	_____echo	_____isión	_____ocado
_____eedor	_____ocativo	_____ilegio	_____enir
_____idencia	_____ativo	_____er	_____ar
_____isto	_____io	_____idencial	_____ación
_____isional	_____isible	_____ocación	_____ocar
_____echosa	_____ocado	_____incia	_____inciano

- Busca los significados de estas palabras en tu diccionario y escríbelos en tu cuaderno.

B Coloca las palabras en el crucigrama.

provocar
provisional
privado
previo
provechosa
privar

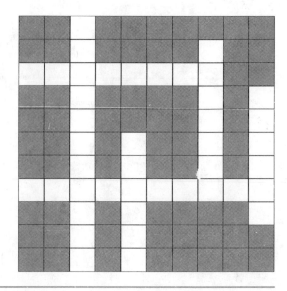

OBSERVA:

| bravo | nuevo | ahorrativo |
| brava | nueva | ahorrativa |

RECUERDA:

> Las terminaciones **avo**, **evo**, **ivo** de algunos adjetivos, y sus formas femeninas, **ava**, **eva**, **iva**, se escriben con **v**.

C Encuentra en la sopa de letras quince palabras con las terminaciones **avo** - **ava**, **evo** - **eva**, **ivo** - **iva**. Escríbelas.

Y	R	T	P	A	G	R	E	S	I	V	O	F
M	O	H	J	C	Q	T	R	U	A	X	V	U
C	V	E	L	T	I	V	O	W	L	X	L	G
O	A	V	O	I	J	A	S	Q	J	K	O	I
V	N	A	N	V	L	V	I	Ñ	B	Ñ	N	T
I	I	S	G	O	K	E	V	H	W	O	G	I
S	D	I	E	Ñ	Z	U	O	C	X	T	E	V
E	N	V	V	E	N	G	A	T	I	V	A	A
S	A	A	A	Q	C	D	N	U	E	V	O	M
O	C	H	C	E	H	A	O	T	B	Z	R	J
P	S	J	A	K	F	A	A	V	A	R	B	L
O	E	V	D	O	C	E	A	V	O	D	J	D
K	A	W	O	C	T	A	V	A	T	Ñ	Q	Z

D Escribe una palabra de la familia de las que encontraste arriba. Usa tu cuaderno.

Ejemplo: agresivo - agresividad

E Escribe palabras relacionadas.
   Ejemplo:
                         caridad - caritativo

compasión _____   venganza _____

decisión _____   provocar _____

relación _____   nocividad _____

comparación _____   apelación _____

ahorro _____   evasión _____

fiesta _____   reflexión _____

• Escribe muchas veces las palabras.

OBSERVA:

| **eve**ntual | **eva**pora | **evo**lutivo |
| **eva**sión | **eve**nto | **evo**lar |

RECUERDA

> También las palabras que empiezan con **eva**, **eve**, **evi** y **evo** se escriben con **v**. Las excepciones son palabras de uso poco frecuente, pero hay que recordar **ébano** y **ebanista**.

F Relaciona cada palabra con su significado. Usa tu diccionario.

Evitar hacer cierta cosa.   eventual

Que no es fijo, seguro o regular.   evidencia

Certeza clara, manifiesta. Verdad patente.   evaporar

Sucesiva y gradual transformación de algo.   evadir

Convertirse un líquido en vapor.   evocar

Medio para evadirse de algo.   evolución

Llamar a los espíritus. Traer alguna cosa   evasiva
   a la memoria.

• Comenta con tu maestro y compañeros el uso de las palabras anteriores.

G Completa los enunciados con las palabras del camino.

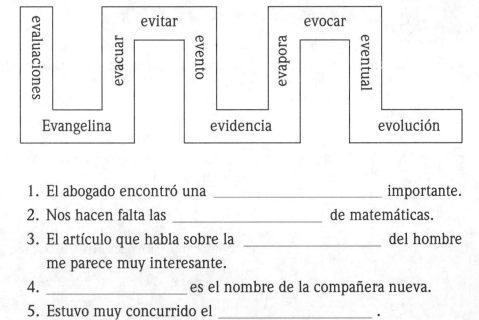

1. El abogado encontró una _____ importante.
2. Nos hacen falta las _____ de matemáticas.
3. El artículo que habla sobre la _____ del hombre me parece muy interesante.
4. _____ es el nombre de la compañera nueva.
5. Estuvo muy concurrido el _____ .
6. Pudimos _____ el accidente.
7. Lograron _____ a toda la gente.
8. Yo no creo eso de _____ a los espíritus.
9. Me ofrecieron un trabajo_____.
10. El agua se _____ rápidamente.

H Forma grupos de tres palabras de la misma familia.

evaluación	evaporarse	evolucionar	evangélico	eventual
evocación	evidente	evitar	evacuación	evocador
evidencia	evolución	Evangelio	evaluar	evitado
evasivo	evaporar	evento	eventualidad	evadirse
evaluador	evangelizar	evidenciar	evaporable	evitable
evacuar	evocar	evolucionismo	evacuado	evasión

Ejemplo: evangelizar- Evangelio- evangélico

Escribir, completar y corregir oraciones

- No olvides los verbos que nos sirven de base para la construcción de párrafos sencillos.

es   **está**   **tiene**

Haciendo preguntas básicas con estos verbos obtenemos información sobre una persona o un objeto.

> Algunas de las preguntas que pueden hacerse para obtener información son: ¿Quién es? ¿Qué está haciendo? ¿Por qué? ¿Qué tiene?

A   Escribe un texto que responda a las preguntas básicas.

Ejemplo: (el velador de una fábrica)

Es el velador de "La Giralda". Está durmiéndose porque lo cambiaron de turno. Tiene muchos años en esa fábrica.

1. (el director de la escuela)

2. (un parque de diversiones)

3. (mi jefe de grupo)

4. (los choferes del camión)

_____

_____

5. (el estadio de futbol)

_____

_____

6. (el presidente de México)

_____

_____

7. (el Museo de Cera)

_____

_____

8. (mis padrinos)

_____

_____

- ¿Recuerdas el nexo **si** que expresa condición? Vamos también a repasar su uso.

B Completa las oraciones siguientes.

Ejemplos: Vamos a lavar los uniformes si tenemos tiempo.

Si deja de llover, saldré a pasear con el perro.

1. Iremos a ver a Silvia _____

2. Adela resolverá el cuestionario _____

3. _____ si le pusiste todos los ingredientes.

4. Pagaré la inscripción _____

5. _____ si quieres complacer a tu papá.

6. Seremos parte de la escolta _____

7. _____ si no es muy crudo el invierno.

8. No pienso enseñarles el cuento que escribí _____

- El nexo **si** también enlaza oraciones que se refieren a algo irreal.

C Contesta las preguntas como en el ejemplo. Empieza con el nexo **si**.

Ejemplo: ¿Qué harías si fueras un mago famoso?

Si fuera un mago famoso, daría funciones en todo el mundo y la gente me reconocería en la calle.

1. ¿Qué harías si ganaras una carrera de automóviles?

_____

2. ¿Qué estarías haciendo ahorita si cantaras como Luis Miguel?

_____

3. ¿Qué harías si fueras el capitán de un barco?

_____

4. ¿Qué harías si participaras en las Olimpiadas?

_____

5. ¿Qué estarías haciendo si tuvieras 20 años?

_____

6. ¿Qué harías si formaras parte de la tripulación de una nave espacial?

_____

7. ¿Qué harías si te regalaran diez tigres?

_____

8. ¿Qué estarías haciendo si fueras un caballo?

_____

- Recuerda que las palabras son ricas en significados y que pueden combinarse de varias maneras. Con ellas afirmas, niegas, dudas, preguntas y también exageras o inventas personajes, situaciones y lugares.

> Revisa bien lo que escribes para que tus palabras expresen exactamente lo que quieres decir.

- Ahora vamos a corregir disparates como lo hiciste ya en tu libro de primer año.

EJEMPLO: Sonia, mi amiga, a quien te presenté el otro día, puso un pastel en el horno y se le congeló, porque su horno calienta exageradamente.

Es claro que hay un error de contenido, ¿verdad?
El texto corregido quedaría así:

> Sonia, mi amiga, a quien te presenté el otro día, puso un pastel en el horno y se le quemó, porque su horno calienta exageradamente.

D Encuentra el disparate y corrígelo.

1. La casa de Amelia estaba completamente seca, porque se inundó con el aguacero de anoche y tuvo que mantener las ventanas cerradas para que se ventilara.

_____

_____

_____

2. En las competencias de atletismo, uno de los corredores se lastimó un tobillo, por eso pudo correr más rápido y llegar en primer lugar.

_____

_____

_____

3. Las personas que usan zancos en el circo quieren alcanzar a los enanitos que también participan en el espectáculo.

_____

_____

4. La boda de mi prima fue a las ocho de la noche, porque a esa hora el calor era más intenso y así los invitados pudieron quedarse en el jardín hasta que anocheció.

_____

_____

5. Alberto prendió el radio para ver su programa favorito. Es tan ameno ese programa que, en varias ocasiones, se ha quedado dormido escuchándolo.

_____

_____

_____

E   Escribe un texto breve en donde cuentes algo imaginario.

_____

_____

_____

_____

_____

_____

_____

_____

_____

_____

_____

Usos de C

Observa las siguientes palabras. Todas tienen algo en común.

círculo   **circu**nferencia   **circu**nstancia

Claro, todas empiezan con ＿＿＿＿＿ y se escriben con ＿＿＿＿＿.

RECUERDA:

> Todas las palabras que empiezan con **circu** se escriben con **c**.

A Forma palabras con las sílabas que se dan en la ruleta y escríbelas varias veces en tu cuaderno.

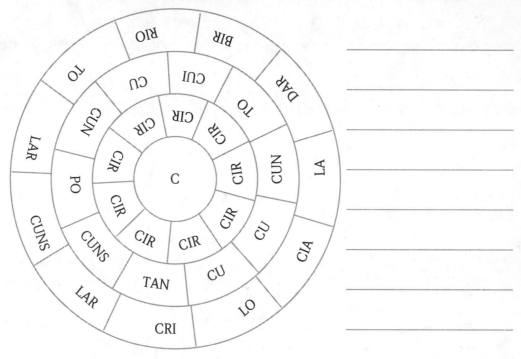

• Busca en el diccionario el significado de las palabras anteriores.

B Escribe en tu cuaderno una oración con cada palabra.

C Encuentra las diez palabras que hay en la sopa de letras. Todas terminan con **z.**

H	J	D	B	P	R	E	C	O	Z
N	U	E	Z	A	T	H	K	L	I
C	L	G	I	C	D	K	F	C	R
Z	M	T	R	J	I	H	E	D	T
A	H	C	B	D	E	T	R	Q	A
T	J	G	M	J	Z	B	O	C	C
A	G	M	O	R	D	A	Z	T	I
P	K	C	L	A	P	I	Z	P	C
A	S	K	D	P	K	T	K	C	G
C	R	V	S	Z	I	R	A	N	O

• Escríbelas.

_____   _____

_____   _____

_____   _____

_____   _____

OBSERVA:

cruz - cru**c**es   paz - pa**c**es

RECUERDA:

> Las palabras terminadas en **z** cambian ésta por una **c** en el plural.

D Cambia al plural las palabras de la sopa de letras.

_____   _____
_____   _____
_____   _____
_____   _____
_____   _____

E Escribe otras palabras terminadas en **z,** cámbialas al plural y sepáralas según su uso.

OBSERVA:

dire**cto**   corre**ctor**   abstra**cto**
dire**cción**   corre**cción**   abstra**cción**

¿Qué letra está antes del grupo **to**?_____.

> Observa que la letra **t** de directo se convierte en **c.** Por esta razón en estas palabras usamos doble **c.**

F Escribe un sustantivo de la misma familia.

Ejemplo:

directo - dirección

redactor_____	convencido _____
corrector_____	destructor _____
abstracto _____	electo _____
inspector_____	traductor _____
conducto_____	selecto_____
reducto _____	acto _____

G Cambia las palabras al plural.

_____   _____
_____   _____
_____   _____
_____   _____
_____   _____
_____   _____

H Organiza familias de palabras.

director	destrucción	abstraído
inspección	acción	destruido
actuación	abstraer	inspeccionado
abstracción	inspeccionar	actor
traducido	dirección	directamente
destruir	traducción	traducir

- Escribe las palabras.

inspector	traductor	abstracto
_____	_____	_____
_____	_____	_____
_____	_____	_____

acto	directo	destructor
_____	_____	_____
_____	_____	_____
_____	_____	_____

I Completa las oraciones con las palabras de la columna.

1. Creo que ya nos perdimos, no vamos en la _____ correcta.

   selección

2. Es necesario emprender _____ más concretas para resolver el problema.

   inspección

3. Hay algunos cuentos muy interesantes, pero creo que la _____ no es muy buena.

   corrección

4. El maremoto causó la _____ casi total de la isla.

   dirección

5. En la clase de Español vamos a hacer una _____ de los mejores cuentos mexicanos.

   convicción

6. Cada seis meses visitan la escuela unos funcionarios que hacen una _____ de las instalaciones.

   destrucción

7. Todos tenemos la _____ de que aprender a leer y a redactar nos será de gran utilidad.

   acciones

8. En este curso nos enseñan a expresarnos con mayor claridad y _____ , así como a organizar nuestras ideas.

   traducción

Corregir textos (ambigüedad, ideas incompletas, pobreza de vocabulario)

- Antes de continuar con la redacción de párrafos más elaborados, es necesario recordar que hay ciertos vicios del lenguaje como la ambigüedad.

Fíjate en el ejemplo:

> Encontré a Mauricio y a Rafa y le devolví su reloj.
> ¿A quién le devolví su reloj?
> ¿A Mauricio o a Rafa?

Vamos a corregir esta ambigüedad.

> Encontré a Mauricio y a Rafa. Le devolví su reloj a Mauricio.

Observa que se suprimió un nexo, se puso un punto y se escribió separada la segunda oración.

A Corrige las ambigüedades en las oraciones siguientes. Reescríbelas.

1. Fuimos al circo a ver a los payasos contentos y alborotados.

_____

2. Estuve viviendo con mi tío Alfonso cuando tenía problemas.

_____

3. Quiero esa carpeta del estante que tiene rayas de colores.

_____

4. La señora fue al veterinario con su perro y su hija para que le cortara las orejas.

_____

5. Carlos fue a cenar con Martha porque no había luz en su casa.

_____

6. Gerardo quería ir a saludar a Toño, ya que se sentía muy triste.

_____

_____

* La repetición de palabras —pobreza de vocabulario— es otro vicio del lenguaje que señalamos también en el primer curso. Recuerda la recomendación que se hizo de usar un diccionario de definiciones y un diccionario de sinónimos.

   RECUERDA:

   > Usar el diccionario te ayuda a lograr una mejor comprensión de lo que lees y lo que escribes.

B Corrige las oraciones cambiando una de las palabras repetidas.
   Ejemplo: Los malos compradores compran productos defectuosos.
   Los malos compradores adquieren productos defectuosos.

1. Debes escribir un escrito limpio y ordenado.

_____

2. Socorro y Catalina cocinaron todo el día en la cocina.

_____

3. México produce productos de alta calidad.

_____

4. Los albañiles construyen construcciones resistentes.

_____

5. Marcos saludó a Irene con un afectuoso saludo.

_____

6. El forro quedó inservible porque ya no sirve si está arrugado.

_____

7. Tiene una cita con el gerente que la citó a las seis de la tarde.

_____

8. El dirigente de la compañía también dirige los asuntos laborales.

_____

- Hay otro problema que se presenta constantemente en la redacción, sobre todo cuando se trata de párrafos más extensos: las oraciones incompletas.

Fíjate en el ejemplo:
Ella quiere, aunque yo no estoy de acuerdo porque el negocio no marcha bien y, además, no creo que su trabajo sea satisfactorio.

¿Ya lo notaste? La oración "Ella quiere..." no está completa, porque el que escribió eso empezó a agregar otras ideas y nunca terminó de enunciar la idea principal.

Para corregirla vamos a seguir los pasos que ya vimos en *Para escribirte mejor 1*. Utiliza tu cuaderno para hacer el esquema.

Pasos a seguir: 1º Enlistar las ideas.
2º Completar la idea inconclusa.
3º Escribir nuevamente el texto con la idea completa y las correcciones necesarias.

Ella quiere, aunque yo no estoy de acuerdo porque el negocio no marcha bien y, además, no creo que su trabajo sea satisfactorio.

1. Lista de ideas.

IDEA PRINCIPAL	IDEAS SECUNDARIAS
Ella quiere	Yo no estoy de acuerdo. El negocio no marcha bien. No creo que su trabajo sea satisfactorio.

2. Completar la idea inconclusa.

Al hacer la lista nos dimos cuenta con mayor claridad de que la idea incompleta es la idea principal porque le falta información. Vamos a agregarla.

Ella quiere un aumento de sueldo.

3. Escribir el texto corregido.

> Ella quiere un aumento de sueldo, aunque yo no estoy de acuerdo porque el negocio no marcha bien. Además, no creo que su trabajo sea satisfactorio.

C Lee con cuidado los siguientes textos que tienen ideas incompletas. Corrígelos siguiendo los pasos que se acaban de señalar.

1. A mí me parece, pero Beto no entendió, porque ya sabes como es de distraído.

2. Aquella vez en el parque me dijo, pero yo no le puse atención porque ya sé que dice mentiras.

3. Es muy conveniente, ya que no siempre encontramos personas tan honestas, aunque tengo mis dudas sobre los resultados de la investigación.

4. Se necesita, es cierto, para qué te voy a engañar, sin embargo el señor Hernández prefiere esperar un mes más.

5. Como no me llamaste, ya no supe, aunque no me preocupé demasiado porque conozco tu capacidad para resolver estos asuntos.

6. Ella compró y fue muy raro porque la obligaron, no porque estuviera convencida de las ventajas del terreno.

7. Cuando nos sentamos a la mesa, siempre dice, aunque siempre lo interrumpen, y todos empiezan a comer.

_____

_____

8. Daniel piensa, aunque tú no lo creas porque tú nunca le has tenido mucha simpatía.

_____

_____

D Escribe ejemplos con ideas incompletas como los anteriores. Intercambia tu escrito con un compañero. Revisen y corrijan la redacción; al final, cambien impresiones sobre ambos trabajos.

_____

_____

_____

_____

_____

_____

_____

_____

_____

_____

_____

_____

_____

_____

_____

El punto y coma y los dos puntos

- Lee cuidadosamente

Seguramente sucedía en un estacionamiento público, o en un alto edificio del gobierno. Muchas personas estábamos en la azotea, esperando que nos vinieran a salvar. El piso era demasiado flojo; cualquier movimiento podía resultar mortal. Ya habíamos visto hundirse a varias gentes. Por fin, del lado de la calle, hubo manera de bajar. Sobre las orillas de la azotea nos desplazamos. A punto de descender, descubro a mi hija, que camina en el centro de la azotea; mi madre va a su encuentro. Una angustia enorme se apodera de mí; varios sobrevivientes miran a ambas mujeres. Ya en el pánico, me doy cuenta de que mi mamá, una vez que ha levantado a la niña, pretende hundirse pisando con fuerza en distintos puntos. Pienso que se ha vuelto loca y se quiere morir. Sin pensarlo mucho, pero moviéndome con cautela, me adelanto hacia ellas; doy un golpe a mi madre y, antes de que caiga desmayada, la tomo en mis brazos y regreso. Sorprendentemente, el piso me sostiene y yo a ellas. Nos disponemos a bajar hacia la calle.

GUILLERMO SAMPERIO,
Gente de la ciudad.

En el texto que acabas de leer observa el uso del punto y coma. Fíjate que se usa para separar oraciones de alguna extensión que se refieren al mismo asunto.

ATENCIÓN:

> Usamos **punto y coma** para separar frases y oraciones largas y complejas.

A Lee cuidadosamente el siguiente fragmento. En cuatro ocasiones omitimos el **punto y coma.** Colócalos en su lugar.

EL LOBO

Logré que uno de mis compañeros de hostería —un soldado más valiente que Plutón— me acompañara. Al primer canto del gallo emprendimos la marcha brillaba la luna como el sol a mediodía. Llegamos a unas tumbas. Mi hombre se para empieza a conjurar astros yo me siento y me pongo a contar las columnas y a canturrear. Al rato me vuelvo hacia mi compañero y lo veo desnudarse y dejar la ropa al borde del camino. De miedo se me abrieron las carnes me quedé como muerto: lo vi orinar alrededor de su ropa y convertirse en lobo.

CAYO PETRONIO ÁRBITRO
en *El libro de la imaginación.*

B Escribe un pequeño relato. Utiliza el punto y coma.

_____

_____

_____

_____

_____

OBSERVA:

Gloria y Adriana me aseguraron que Javier saldría; pero yo sabía que era imposible.

Estaba cantando y bromeando con todos; de repente, sin ningún motivo, se sentó.

ATENCIÓN:

Se usa **punto y coma** antes de las conjugaciones adversativas (pero, aunque, sino, sin embargo, etc.) cuando separan oraciones de alguna extensión.

C Agrega el punto y coma que falta en cada oración.

1. Inmediatamente que llegamos lo vimos aunque estaba sentado en el centro, casi escondido.

2. Tenía muchas ganas de ir con todos ustedes al concierto pero me fue imposible asistir.

3. Todos recibieron las calificaciones de manos del director sin embargo, la ceremonia no fue lo que se esperaba.

4. Raúl estaba asustadísimo con la noticia aunque después se supo que se trataba de una falsa alarma.

5. Sí vamos a ir a la fiesta pero tenemos que regresar a la una, porque hasta esa hora nos dieron permiso.

> La buena ortografía es resultado de la práctica y la observación.

- En una hoja de bloc escribe otras oraciones utilizando punto y coma. Después intercámbiala con uno de tus compañeros. Una vez que hayas leído los ejemplos, comenta el uso del punto y coma con tu maestro y tus compañeros.

- Lee cuidadosamente.

EL CASTILLO

Así llegó a un inmenso castillo, en cuyo frontispicio estaba grabado: "A nadie pertenezco, y a todos; antes de entrar, ya estabas aquí; quedarás aquí, cuando salgas."

DIDEROT,
Jacques El fatalista,
en *El libro de la imaginación.*

EL VELO

La estatua de la diosa, en Saís, tenía esta inscripción enigmática: "Soy todo lo que ha sido, lo que es, todo lo que será, y ningún mortal —hasta ahora— ha alzado mi velo".

PLUTARCO,
De Isis y Osiris,
en *El libro de la imaginación.*

¿SERÍA FANTASMA?

Al caer de la tarde, dos desconocidos se encuentran en los obscuros corredores de una galería de cuadros. Con un ligero escalofrío, uno de ellos dijo:

—Este lugar es siniestro. ¿Usted cree en fantasmas?

—Yo no —respondió el otro—. ¿Y usted?

—Yo sí —dijo el primero y desapareció.

GEORGE LORING FROST,
Memorabilia,
en *El libro de la imaginación.*

ATENCIÓN:

> Usamos **dos puntos** antes de citar las palabras o pensamientos de otra persona.

D Lee con cuidado los siguientes relatos. Coloca los dos puntos que hagan falta.

INOBJETABLE

Esto me recuerda la contestación que dio un niño a la pregunta de su abuela, que le hablaba por teléfono desde otra ciudad "¿Y tú que haces, hijo?", "Telefoneo", contestó con soberbia objetividad.

ERICH AUERBACH,
en *El libro de la imaginación.*

TRES HOMBRES EN EL BOSQUE

Tres hombres marchaban por el bosque cuando, de pronto, encontraron un tigre que amenazaba desgarrarlos. El primero de ellos dijo "Hermanos, nuestra suerte está decidida, la muerte es segura, el tigre va a devorarnos." Hablaba así porque era fatalista.

El segundo exclamó "Hermanos, ¡imploremos juntos al Dios Todopoderoso! Sólo la gracia de Dios puede salvarnos." Éste era piadoso.

Pero el tercero dijo "¿Por qué molestan a Dios? Mejor será que inmediatamente nos subamos a estos árboles."

Éste en verdad amaba a Dios.

ZIMMER,
Wesheit indiens,
en *El libro de la imaginación.*

• Lee cuidadosamente

LOS DESASTRES DE LA GUERRA

En los recreos comíamos tortas de nata que no se volverán a ver jamás. Jugábamos en dos bandos: árabes y judíos. Acababa de establecerse Israel y había guerra contra la Liga Árabe.

JOSÉ EMILIO PACHECO,
Las batallas en el desierto.

EL HOJALDRE

Ya sabréis que el orden de lo mágico es como el hojaldre: planos diferentes que prácticamente no se comunican. A menudo estas comunicaciones son desafortunadas.

JOSEP-VICENT MARQUÉS,
Amores Imposibles.

ATENCIÓN:

> Usamos **dos puntos** cuando lo que se dice a continuación es una explicación o resumen de lo anterior.

E   Coloca los dos puntos donde corresponda.

INGLÉS OBLIGATORIO

"Mi mayor placer" Subirme a los árboles y escalar las fachadas de las casas antiguas, la nieve de limón, los días de lluvia, las películas de aventuras, las novelas de Salgari. O no más bien quedarme en cama despierto.

JOSÉ EMILIO PACHECO,
Las batallas en el desierto.

EL ANOSTOS

En los confines del País de los meropes se encuentra un abismo, el Anostos, lleno de un fluido rojo que no es luz ni tinieblas, por el que corren dos ríos el río del Placer y el río del Dolor, en cuyas riberas crecen diversos árboles cuyos frutos tienen las mismas propiedades que cada uno de dichos ríos.

TEOPOMPO,
en *El libro de la imaginación.*

• Lee algún cuento que te guste. Observa el uso de los signos de puntuación que ya conoces.

> La ortografía también es resultado de la observación

F   Escribe un pequeño relato. Utiliza los dos puntos.

Desarmar y reescribir párrafos

- A partir de esta lección revisaremos el esquema que hemos empleado para redactar párrafos más extensos. Recuerda que todo párrafo está compuesto por "bloques de ideas". Cada bloque, a su vez, contiene una idea principal y una o varias ideas secundarias.

> Un bloque de ideas contiene una idea principal y una o varias ideas secundarias. Se distingue fácilmente porque empieza con mayúscula y termina con punto.

A   Lee cuidadosamente el ejemplo.

La naturaleza le ha ofrecido al hombre los medios para satisfacer sus necesidades. Así, para defenderse del frío, además de cubrir su cuerpo con pieles de animales que cazaba, el hombre descubrió la utilidad del fuego para calentarse. Además, ya con este importante recurso el hombre pudo cocinar sus alimentos.

¿Qué hacemos ahora con el párrafo. Primero, ya lo sabes, separamos los bloques de ideas. Para ello podemos emplear una /.
Así.

La naturaleza le ha ofrecido al hombre los medios para satisfacer sus necesidades. / Así, para defenderse del frío, además de cubrir su cuerpo con pieles de animales que cazaba, el hombre descubrió la utilidad del fuego para calentarse. / Además, ya con este importante recurso el hombre pudo cocinar sus alimentos.

Tenemos tres bloques de ideas. Vamos ahora a clasificar las ideas que contiene cada bloque.

IDEAS PRINCIPALES	IDEAS SECUNDARIAS	IDEAS COMPLEMENTARIAS
(bloque 1) La naturaleza le ha ofrecido al hombre los medios	para satisfacer sus necesidades.	
(bloque 2) El hombre descubrió la utilidad del fuego	para calentarse para defenderse del frío	cubrir su cuerpo con pieles que cazaba
(bloque 3) El hombre pudo cocinar sus alimentos	con este importante recurso	

Una vez que clasificaste las ideas, vas a señalar la idea general del párrafo; en este caso: el fuego. Luego, armas de nuevo las ideas hasta llegar al párrafo inicial. Recuerda que puedes hacer algunas modificaciones de estilo.

RECUERDA:

Elaborar un esquema con las ideas de un párrafo, nos ayuda a lograr una redacción ordenada y clara, así como a comprender mejor lo que leemos.

B A continuación se dan párrafos informativos, así como la idea general y las ideas principales. Lee con cuidado el párrafo y analízalo (desármalo) después. Elabora un cuadro con todas las ideas contenidas en los bloques y escribe nuevamente el párrafo, consultando sólo el cuadro.

1. El doctor Angulo es un buen médico. Aunque es joven sabe curar a los niños de sus enfermedades y a las mamás de su preocupación. Una vez Virginia, mi segunda hermana, se estaba asfixiando y el doctor Angulo la hizo respirar en pocos minutos. En otra ocasión, Felipe, mi hermano menor, se enfermó de paperas y también fue el doctor Angulo quien lo curó.

IDEA GENERAL: El médico de la familia.
IDEAS PRINCIPALES:
   a) El doctor Angulo es un buen médico.
   b) Cura a los niños de sus enfermedades.
   c) Virginia se estaba asfixiando.
   d) Felipe se enfermó de paperas.

2. El panteón de Tonanzintla no tiene barda. Está junto a la iglesia, a la orilla de un cerro. El día de Muertos muchas personas visitan sus tumbas desde temprano y las llenan de flores y comida. Además las adornan como les dicta su imaginación. También rezan frente a ellas durante horas. Cuando anochece encienden velas y aquello se convierte en un maravilloso espectáculo.

IDEA GENERAL: El día de muertos en el panteón de Tonanzintla.
IDEAS PRINCIPALES:
   a) El panteón de Tonanzintla no tiene barda.
   b) Está junto a la iglesia.
   c) El día de Muertos muchas personas visitan las tumbas desde temprano.
   d) Adornan sus tumbas.
   e) Rezan frente a las tumbas.
   f) Encienden velas.

3. "En las noches de luna llena, algunos viejos poetas se reúnen en un claro del bosque para componer versos como en los tiempos antiguos. Sus poemas los escriben en las hojas de los árboles y el viento los dispersa a la mañana siguiente."

SHAHEN HACYAN,
La ciudad de los poetas.

IDEA GENERAL: Una reunión de poetas.
IDEAS PRINCIPALES:
a) Algunos viejos poetas se reúnen en el bosque.
b) Sus poemas los escriben en las hojas de los árboles.

4. El pan y el vestido son dos necesidades reales e igualmente importantes. Nos causa la misma sensación un hombre desnudo que un hombre hambriento. Sin embargo, hay una diferencia, la alimentación es una esclavitud con la que hemos nacido todos los seres vivos, mientras que el vestido es una creación artificial propia de la especie humana.

DR. ALEXIS CARREL,
Psicología del vestido.

IDEA GENERAL: La necesidad del alimento y el vestido.
IDEAS PRINCIPALES:
a) El pan y el vestido son dos necesidades reales.
b) Nos causa la misma sensación un hombre desnudo que un hombre hambriento.
c) La alimentación es una esclavitud natural.
d) El vestido es una creación artificial del hombre.

5. Es un arbusto con una altura aproximada de dos metros. Su flor es blanca, y cuando ésta se seca, aparece el fruto, primero de color verde y, ya maduro, de color rojo. Descarnado el fruto aparece la semilla, la cual, bien seca, tostada y molida, nos proporciona esa exquisita bebida tan deseada y aceptada en la actualidad.

IDEA GENERAL: La planta del café.
IDEAS PRINCIPALES:
a) Es un arbusto.
b) Su flor es blanca.
c) Aparece el fruto.
d) Aparece la semilla.
e) Nos proporciona esa exquisita bebida deseada y aceptada en la actualidad.

Signos de interrogación y admiración y guiones largos

- Lee cuidadosamente

EL MAGO CUERPO SIN ALMA

Esta era una viuda con un hijo que se llamaba Giuanin. A los trece años quería irse mundo adelante a hacer fortuna. Su madre le dijo:

—¿Qué quieres ir a hacer mundo adelante? ¿No ves que todavía eres pequeño? Cuando seas capaz de derribar de una patada ese pino que hay detrás de nuestra casa, entonces partirás.

ÍTALO CALVINO,
El principe cangrejo.

ATENCIÓN:

> Los **signos de interrogación** los usamos con oraciones o palabras de carácter interrogativo.

Si es una oración completa lo que va entre signos de interrogación, tanto la oración interrogativa como la que le sigue empiezan con mayúscula.

A Lee cuidadosamente los siguientes fragmentos. Hemos omitido los signos de interrogación. Colócalos en su lugar.

DESPERTAR

—Dice usted que esta casa no existe, que usted es un fantasma Pues dónde estoy
—En el despertar de un sueño.

NICIO DE LUMBINI,
en *El libro de la imaginación.*

EL MISÓGINO

No me reconoces Soy aquella a la que amaste tanto —decía la mendiga.

MAX JACOB,
en *El libro de la imaginación.*

PREGUNTA

Qué es un fantasma preguntó Stephen. Un hombre que se ha desvanecido hasta ser impalpable —por muerte, por ausencia, por cambio de costumbres.

JAMES JOYCE,
Ulises,
en *El libro de la imaginación.*

OBSERVA:

¿No la viste? Yo pensé que sí.

¿Sí lo compraste? Qué bueno, te queda muy bien.

ATENCIÓN:

> Si es una oración completa lo que va entre signos de interrogación, tanto la oración interrogativa como la que le sigue empiezan con mayúscula.

B Escribe cinco oraciones interrogativas. No olvides que la segunda oración también empieza con mayúscula.

Ejemplo:
¿Todas van a venir? Me parece bien.

1. _____
2. _____
3. _____
4. _____
5. _____

OBSERVA:

Ya la conocías, ¿verdad?

Qué raro, ¿no te lo dijo?

ATENCIÓN:

> Si la interrogativa es la segunda parte de la oración, empieza con minúscula y, a veces, va precedida de una coma.

C Escribe cinco oraciones. Recuerda que la segunda oración puede ir precedida por una coma y que empieza con minúscula.

Ejemplo:

Hola, ¿cómo estás?

1. _____
2. _____
3. _____
4. _____
5. _____

• Lee con atención.

FINAL PARA UN CUENTO FANTÁSTICO

—¡Qué extraño! —dijo la muchacha, avanzando cautelosamente—. ¡Qué puerta más pesada!

La tocó, al hablar, y se cerró de pronto, con un golpe.

—¡Dios mío! —dijo el hombre—. Me parece que no tiene picaporte del lado de adentro. ¡Cómo, nos han encerrado a los dos!

—A los dos, no. A uno solo —dijo la muchacha.

Pasó a través de la puerta y desapareció.

I. A. IRELAND,
Visitations,
en *El libro de la imaginación.*

ATENCIÓN:

> Los **signos de admiración** se usan en oraciones exclamativas.

D Lee con cuidado los siguientes fragmentos, y coloca los signos de admiración donde faltan.

COLA PEZ

Había una vez en Mesina una madre que tenía un hijo llamado Cola, que se bañaba en el mar mañana y tarde. Su madre venía a llamarlo desde la orilla:

— Cola Cola Sal a tierra ¿Qué haces?
No eres un pez

Y él, venga a nadar cada vez más lejos. A su pobre madre le daban retortijones a fuerza de gritar. Un día la hizo gritar tanto que la pobrecilla, cuando ya no pudo gritar más, perdió la paciencia y exclamó:

— Cola Ojalá te conviertas en pez

Ítalo Calvino,
El príncipe cangrejo.

OBSERVA:

> ¡Uf! ¡Qué barbaridad!
>
> ¡Ay! ¡Qué horror!
>
> ¡Ah! No lo sabía

ATENCIÓN:

> Las **interjecciones** suelen usarse entre signos de admiración.

E Escribe oraciones usando las interjecciones ¡Ah! ¡Ay! ¡Guau! ¡Uf!

Ejemplo:

¡Ay! ¡Qué susto!

1. _____

2. _____

3. _____

3. _____

4. _____

5. _____

6. _____

7. _____

8. _____

• Lee atentemente

LEDA

—¡Oh! —contaba Leda—. Estaba tan bien que fuese un cisne, un pato o un palomo, yo qué sé qué era... Pero él tenía que decirlo. Tenía que decirlo. Tenía que decir después que era un personaje importantísimo.

JOSEP-VICENT MARQUÉS,
Amores Imposibles.

SABIDURÍA

—¿Qué se debe hacer cuando el ruiseñor se niega a cantar?
—Retorcerle el cuello —contestó el primero.
—Obligarle a cantar —dijo el segundo.
—Esperar a que cante —declaró el tercero, que era un sabio.

LEYENDA JAPONESA,
en *El libro de la imaginación.*

EL RUISEÑOR Y LA ROSA

Ha dicho que bailaría conmigo si le llevaba unas rosas rojas —se lamentaba el joven estudiante—, pero no hay en todo mi jardín una sola rosa roja.

Oscar Wilde,
Novelas y Cuentos.

ATENCIÓN:

> Usamos **guión largo:**
> • Para separar elementos incidentales que se intercalan en una oración.
> • Para señalar en los diálogos la intervención de cada interlocutor.

FÍJATE:

—,   —:   —.   —;

ATENCIÓN:

> Si después del guión largo se necesita un signo de puntuación, éste se escribe después del guión.

F   Agrega los guiones que se han omitido en el siguiente texto.

EL MAR

Pasean el sofócrata y el cratósofo por la playa y se quedan mirando el mar.

¡El mar! dice el sofócrata. ¡Qué poder!
¡El mar! dice el cratósofo. ¡Lo que sabrá!

Josep-Vicent Marqués,
Amores Imposibles.

G En el siguiente texto coloca: unos signos de interrogación, unos signos de admiración y tres guiones largos.

TABÚ

El Ángel de la guarda le susurró a Fabián, por detrás del hombro.

Cuidado Fabián Está dispuesto que mueras en cuanto pronuncies la palabra *zangolotino*.

Zangolotino   pregunta Fabián azorado.

Y muere.

ENRIQUE ANDERSON IMBERT,
El libro de la imaginación.

H Copia de un periódico ejemplos en los que aparezcan los signos de puntuación estudiados en esta unidad (interrogación, admiración y guión largo). Lee los ejemplos en voz alta y explica su empleo.

Recuerda que una manera de aprender a usar los signos de puntuación es reflexionar sobre el uso que los escritores hacen de ellos.

Desarmar y reescribir párrafos

- Vamos a seguir practicando el esquema de redacción de párrafos. Para ello se proponen los siguientes ejercicios. En ellos se da el texto y la idea general únicamente, pues tú ya sabes dividir el párrafo en bloques de ideas y localizar las ideas principales y secundarias.

A Elabora los cuadros con las ideas y redacta de nuevo los párrafos.

1. IDEA GENERAL: Los signos lingüísticos primarios y secundarios.

Los signos que un emisor produce con la intención de establecer la comunicación son signos primarios, porque esa es su finalidad esencial. Los otros signos, cuya función básica no es la de servir para comunicar algo, son signos secundarios. Hay, además, otra diferencia importante entre los signos primarios y secundarios. Cuando se produce un signo primario, el receptor sabe que el emisor desea establecer la comunicación. En cambio, ante un signo secundario, el receptor no percibe la intención comunicativa del emisor.

2. IDEA GENERAL: Las águilas belicosas.

Las águilas belicosas distinguen a su presa desde gran altura, y caen sobre ella mediante un planeo bien dirigido. La velocidad del descenso está regulada por el ángulo que las alas forman sobre el dorso; cuando se mantienen en posición casi horizontal, el planeo es suave y el descenso lento. Pero si las alas se levantan en forma de V, presentan una componente vertical menor, y el águila cae en un ángulo agudo.

3. IDEA GENERAL: La pérdida del Norte de la República Mexicana en 1848.

Ayer, 3 de enero de 1848, a las seis de la tarde y conforme a lo pactado, México perdió los territorios de Texas, Nuevo México y Alta California, más la franja comprendida entre los ríos Nueces y Bravo que pertenecían a Tamaulipas.

Como indemnización por esas pérdidas territoriales, México recibirá 15 millones de pesos, en tres partes. La primera, al momento de firmar los Tratados; la segunda y tercera partes se entregarán dos años más tarde.

4. IDEA GENERAL: El origen del papel y de la escritura.

A los egipcios debemos la invención del pergamino y del papiro. El papiro, palabra de la cual se deriva "papel", se fabricaba con una planta especial, originaria de Egipto, que se reducía a hojas delgadas. Después de escribir sobre un solo lado, pegaban los papiros por sus extremos y los enrollaban sobre unas varillas de madera, tal como se hace actualmente con las cartas geográficas. A eso se debió que cada hoja enrollada tomara el nombre de volumen.

5. IDEA GENERAL: El deterioro de nuestro planeta.

Son muchas las causas que contribuyen día a día al paulatino deterioro del planeta Tierra. El daño ecológico, en ocasiones ya irreversible, puede advertirse tanto en la contaminación del agua, como de la tierra y del aire; contaminación que causa graves problemas para el ser humano, sobre todo en cuestiones relacionadas con la salud. Además de lo anterior, existen diversas especies animales que se han extinguido o están en peligro inminente de extinción, causando con ello un rompimiento del equilibrio ecológico, pues cada ser vivo cumple una función dentro de la gran organización que es nuestro planeta.

6. IDEA GENERAL: Formas de salvar la Tierra.

Es obligación de todos contribuir a salvar nuestro planeta. Cada uno de nosotros, en la medida de sus posibilidades, tiene el deber de hacer algo en este sentido. Hay muchas fórmulas sencillas que podemos llevar a cabo: desde no tirar basura en lugares inadecuados hasta evitar el uso de productos contaminantes, como ciertos detergentes, pinturas, solventes, insecticidas, plásticos, aerosoles, etc. Podríamos organizar una campaña entre nuestros familiares y amigos para concientizarlos respecto al peligro que corre el planeta y pedirles que prefieran el uso de productos biodegradables. Por otra parte, debemos estar atentos y analizar con cuidado las noticias relacionadas con la contaminación. Tal vez, en el futuro, uno de nosotros sea el inventor de fórmulas para limpiar el aire, el agua y la tierra.

Usos de S

OBSERVA:

curi**osa**	graci**oso**	encaj**osos**
dich**osos**	cautel**osa**	peligr**oso**

RECUERDA:

> Usamos **s** en los **adjetivos** terminados en **oso** y **osa.**

A Completa con **oso, osa, osos, osas.**

curi_____	cuanti_____	graci_____
herm_____	glori_____	encaj_____
cariñ_____	maravill_____	labori_____
peligr_____	pavor_____	cautel_____
ambici_____	dich_____	cuidad_____

B Forma familias de palabras. Usa el diccionario.

EJEMPLO:

curioso
curiosidad
curiosear
curiosamente

hermoso _____

ambición _____

maravilla _____   gracia _____

gloria _____   cauto _____

C Cambia al masculino o al femenino según corresponda.

grandioso _____   ventajosa _____

misteriosa _____   andrajoso _____

exitosa _____   ruidosa _____

fabuloso _____   vistoso _____

horrorosa _____   perezoso _____

• Cambia las palabras anteriores al plural.

• Escribe muchas veces las palabras.

OBSERVA:

distante   **des**tacar   **dis**eñador

RECUERDA:

Las palabras que empiezan con **dis** y **des** se escriben con **s.**

D Resuelve el crucigrama.

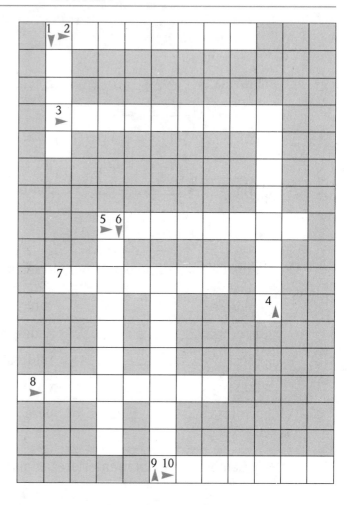

VERTICALES:

1. Preposición que sirve para expresar el tiempo o lugar en que empieza a realizarse la acción de que se habla.
4. Sobresalir. Hacer resaltar algún objeto.
6. Interrumpir el sueño al que duerme.
9. Lanzar un proyectil con un arma.

HORIZONTALES:

2. Apartado, remoto, lejano.
3. Perdonar.
5. Dotado de discreción.
7. Cambia el aspecto de personas o cosas para que no sean reconocidas.
8. Quitar la tapa.
10. Hacer el bosquejo o diseño de una cosa.

E Escribe otra vez las palabras.

_____   _____

_____   _____

_____   _____

_____   _____

_____   _____

¿Notaste qué tienen en común estas palabras? Escríbelo.

_____

_____

F Escribe diez palabras que empiecen con **des** y diez con **dis** que no sean de uso esporádico. Búscalas en tu diccionario.

- Intercambia opiniones con tus compañeros sobre las palabras que escribiste.

  OBSERVA:

  transacción   **tras**ladar

  RECUERDA:

  > Las palabras que empiezan con **tras** o **trans** se escriben con **s.**

G Completa con tras o trans.

_____fusión	_____poner
_____cribir	_____mitir
_____istor	_____pirar
_____ito	_____ladar
_____porte	_____mutar
_____lación	_____ferir

- Escribe varias veces las palabras.

- Busca el significado de las palabras en tu diccionario y escríbelas en tu cuaderno.

¿JUGAMOS CON LAS LETRAS?

FÍJATE:

El nuevo alfabeto español tiene sólo 27 letras. Recientemente se eliminaron la **ch** y la **ll**, que ya no se consideran letras independientes.

Pon atención cuando consultes el diccionario, ya que es posible que todavía encuentres la **ch** y la **ll** como letras separadas, porque el cambio es muy reciente.

A	B	C	D	E	F	G	H	I	J	K	L	M	N
1	2	3	4	5	6	7	8	9	10	11	12	13	14

Ñ	O	P	Q	R	S	T	U	V	W	X	Y	Z
15	16	17	18	19	20	21	22	23	24	25	26	27

H Descifra el mensaje.

EJEMPLO: 18-22-5 / 4-9-23-5-19-21-9-4-16

¡Qué divertido!

5-20-21-16 / 14-16 / 13-5 / 7-22-20-21-1 / 14-1-4-1

5-14 / 5-12 / 20-1-12-16-14 / 8-1-26 / 21-19-5-20 / 20-1-17-16-20

8-1-26 / 8-22-5-12-12-1-20 / 4-5 / 5-12-5-6-1-14-21-5 -20 / 5-14 / 5-12 / 21-5-3-8-18

21-5 / 9-14-23-9-21-16 / 1 / 3-5-14-1-19 / 3-22-3-1-19-1-3-8-1-20

13-9 / 1-2-22-5-12-1 / 3-16-12-5-3-3-9-16-14-1 / 21-1-19-1-14-21-22-12-1-20

18-22-5 / 12-9-14-4-16-20 / 4-9-5-14-21-5-20 / 14-5-7-19-16-20

Redactar párrafos

- Te habrás dado cuenta de que, al empezar el repaso para la redacción de párrafos, seguimos un orden en la presentación de los ejercicios correspondientes. Primero se dio el esquema en su totalidad (lección 12); después, la idea general, el párrafo y las ideas principales; por último, sólo se propusieron la idea general y el párrafo.

En esta ocasión, seguimos redactando párrafos a partir únicamente de la idea general y de las preguntas básicas que ya conoces.

A Escribe un párrafo a partir de la idea general y de las preguntas que se ofrecen. Agrega más información. Ordena con cuidado las ideas y redacta tu párrafo con claridad.

EJEMPLO:

IDEA GENERAL: La feria del libro en mi secundaria.

IDEAS PRINCIPALES: ¿Qué es? ¿En dónde? ¿Cuándo se inauguró? ¿Quién la organizó? ¿Cuánto tiempo durará? ¿Qué tipo de libros hay?

Una feria del libro es una exposición para que el público conozca las nuevas publicaciones y, si puede, adquiera algún libro que le interese. En la secundaria Nº 80, donde yo estudio, se inauguró una feria el 11 de septiembre de 1997. Fue organizada por los maestros de Español y la Sociedad de Padres de Familia. Tendrá una duración de diez días. En esta feria se exponen libros relacionados con las materias de la secundaria.

1. **IDEA GENERAL:** El programa ecológico "Hoy no circula".
   IDEAS PRINCIPALES: ¿Quién lo implantó? ¿Cuándo? ¿Por qué? ¿En qué consiste? ¿Cómo está organizado? ¿Funciona? ¿Tú estás de acuerdo? Haz un comentario breve.

2. **IDEA GENERAL:** Los videojuegos
   IDEAS PRINCIPALES: ¿Qué son? ¿Quién los inventó? ¿Cuántos tipos hay? ¿Te gustan? ¿Cuál es tu favorito? ¿En dónde los juegas? ¿Cuándo? ¿Piensas que contribuyen a la formación de un niño o de un adolescente? ¿De qué manera?

3. **IDEA GENERAL:** El Festival Internacional Cervantino.
   IDEAS PRINCIPALES: ¿Qué es? ¿Dónde se realiza? ¿Cuándo? ¿Cuánto dura? ¿Quiénes participan? ¿Por qué se lleva a cabo en ese lugar?

4. **IDEA GENERAL:** Un sueño inolvidable.
   IDEAS PRINCIPALES: ¿Cuándo lo soñaste? ¿Dónde estabas? ¿Cuántos personajes aparecieron? ¿Por qué se te hizo inolvidable? ¿Tenías miedo? ¿Cómo despertaste?

5. **IDEA GENERAL:** El bautizo de mi primo Rafael.
   IDEAS PRINCIPALES: ¿Cuándo? ¿Dónde? ¿A qué hora? ¿Quiénes fueron los padrinos? ¿Cómo lo festejaron? ¿Cuántos invitados hubo? ¿Qué ambiente hubo en la reunión?

- Lo que vamos a hacer ahora para continuar con nuestro repaso es corregir párrafos. Esto es fácil para ti puesto que ya sabes "desarmarlos y volverlos a armar"

RECUERDA:

> La ambigüedad, la inexactitud, la repetición de palabras y las ideas incompletas son causas frecuentes de la mala redacción.

B Corrige los siguientes párrafos. Para hacerlo primero debes ordenar las ideas en un cuadro y, a continuación, redactar el párrafo con exactitud, claridad y precisión.

EJEMPLO:

> Julieta tenía una cita con Lilia. No asistió porque se le descompuso el coche, que además se lo había prestado Enrique, quien es amigo de Lilia desde la primaria. Habían planeado comer juntas porque era cumpleaños de Julieta.

IDEA PRINCIPAL	IDEAS SECUNDARIAS	IDEAS COMPLEMENTARIAS
Julieta tenía una cita con Lilia.		
Lilia no asistió	porque se le descompuso el coche.	El coche se lo había prestado Enrique. Enrique es amigo de Lilia desde la primaria.
Julieta y Lilia habían planeado comer juntas	porque era cumpleaños de Julieta.	

¿Se aclaran las ideas cuando hacemos el esquema?

Ahora reescribimos el párrafo haciendo las correcciones necesarias.

Julieta y Lilia planearon comer juntas para celebrar el cumpleaños de Julieta. Lilia no acudió a la cita porque se le descompuso el coche que le prestó su amigo Enrique, a quien conoce desde la primaria.

1. Lorena no puede venir porque su mamá está disgustada porque se peleó con Araceli, que es su hermana chica, aunque no es la única, que se porta fatal, pero Lorena no puede hacerle nada porque es más chica. Su mamá siempre la protege.

2. El delegado de Tlalpan recorrió algunas colonias que fueron afectadas porque como no tienen drenaje, aunque han protestado muchas veces no les han instalado el drenaje. Las casas de los colonos resultaron dañadas con el aguacero de la noche anterior.

3. Existen varias especies animales en peligro de extinción, ya que no se han tomado medidas serias y obligatorias, porque como hay otros asuntos que tienen prioridad, aunque sabemos que los animales conservan el equilibrio ecológico. No se protege la fauna debidamente.

4. Fui al cine con Pepe, que no me gusta porque siempre está sucio. No lo limpian después de cada función, pero queda cerca de mi casa. Pepe es una persona agradable.

C Lee con atención los siguientes párrafos tomados del libro *La lectura y los adolescentes*, de Sonia Araceli Garduño, UNAM, México, 1996.

Es importante tener en cuenta el camino que el adolescente ha recorrido a lo largo de su vida. Su experiencia social así como la académica han determinado algunos aspectos de su estructura cognitiva como estudiante de nivel medio superior y sus posibilidades para adquirir nueva información. En este sentido, la relación profesor y alumno no sólo implica nuevos conocimientos, sino, además, la historia personal del educando.

El concepto que el adolescente tiene de sí mismo es un elemento fundamental. Como constructor teórico ayuda a la explicación de otros factores conativos, emocionales y cognitivos. Es un mediador que el individuo utiliza para explicar su mundo interior y su mundo exterior. Es en la adolescencia cuando se abordan las etapas cruciales y finales de este concepto de sí mismo.

La autoestima es otro punto importante. Ello equivale a la autoevaluación y autovaloración de sí mismo, factores que se desarrollan a partir de las experiencias sociales, así como de las circunstancias del entorno que rodea al adolescente.

D Elabora un esquema con las ideas de cada párrafo. Una vez que lo hayas hecho escribe la idea general de cada uno. A continuación, comenta los siguientes aspectos con tus compañeros y maestro:

- ¿Están bien escritos los párrafos? Fundamenta tu opinión.
- ¿Es adecuado que sean tres párrafos? ¿Por qué? ¿Podrían reunirse en uno solo? ¿Por qué?
- ¿Resulta más fácil comprender lo que dicen los párrafos después de haberlos analizado? ¿Por qué?
- ¿Piensas que la redacción y la lectura son dos habilidades estrechamente vinculadas entre sí? ¿De qué manera?

Usos de Z

OBSERVA:

panza**nza**   alab**anza**   mat**anza**

RECUERDA:

> Todas las palabras que terminan en **anza** se escriben con **z**. Excepto **mansa**, **gansa** y **cansa.**

A   Escribe una palabra relacionada.

Ejemplo:

matar - *matanza*

esperar _____   enseñar _____

tardar _____   mudar _____

confiar _____   adivinar _____

alabar _____   cobrar _____

vengar _____   andar _____

- Escribe muchas veces las palabras.

B Encuentra las palabras en la sopa de letras y escríbelas.

H	X	M	J	S	A	L	A	B	A	N	Z	A
A	D	C	H	M	D	J	F	M	P	A	O	U
D	A	D	O	S	A	T	M	K	T	B	J	H
I	M	T	L	W	X	K	S	B	R	M	B	A
V	E	N	G	A	N	Z	A	G	S	H	W	Z
I	P	U	A	J	D	O	P	T	C	G	J	N
N	G	K	N	R	S	W	F	I	A	N	Z	A
A	Q	O	Z	H	X	T	U	X	S	K	R	S
N	K	S	A	Ñ	O	R	A	N	Z	A	E	U
Z	H	X	Q	K	M	A	B	C	R	S	O	T
A	Z	N	A	N	O	B	T	W	D	M	A	S

C Escribe el significado de las excepciones.

mansa —————————————————————————

gansa —————————————————————————

cansa —————————————————————————

• Practica las excepciones para que no las olvides.

FÍJATE:

razón   corazón   quemazón

RECUERDA:

La mayoría de las palabras agudas que terminan en **zón** se escriben con **z**.
Hay excepciones importantes: **camisón, requesón, mesón** y otras.

D Forma palabras siguiendo las flechas.

Ejemplo:

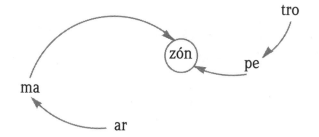

tropezón

armazón

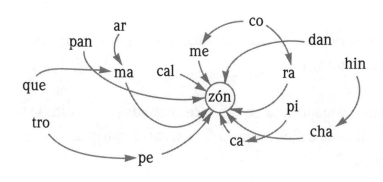

_____ _____
_____ _____
_____ _____
_____ _____
_____ _____

FÍJATE:

me**són**   guas**ón**

RECUERDA:

> Hay varias palabras de uso frecuente termi-
> nadas en **són**, excepciones de la regla an-
> terior. Debemos practicarlas.

E Relaciona las palabras con su significado.

1. Blusa larga y suelta.   blasón

2. Establecimiento donde se alojan huéspedes
   de paso. Posada. Casa de huéspedes.   tesón

3. Camisa larga de mujer que se usa para dormir   bolsón

4. Firmeza, constancia, tenacidad.   requesón

5. Conjunto de las cosas relacionadas con los escudos   blusón
   de armas. Abolengo.

6. Masa blanca y mantecosa que se hace cuajando   camisón
   la leche. Cuajada de los residuos de la leche después de
   hecho el queso.

7. En México, cuenca hidrográfica cerrada y desértica.
   Bolsa grande.   mesón

• Escribe en tu cuaderno las palabras del ejercicio anterior.

OBSERVA:

rodill**azo**   martill**azo**

RECUERDA:

> La terminación **azo** se escribe con **z** con
> los aumentativos o cuando expresa idea de
> golpe.

F Escribe palabras relacionadas.

EJEMPLO:

| golpe | golpazo | flojo | flojonazo |

botella _____   bat _____

perro _____   golpe _____

codo _____   puerta _____

sable _____   mano _____

flecha _____   tipo _____

gol _____   bala _____

• Coloca en el cuadro las palabras que acabas de formar.

			B		T					
					P					
	F									
						G				
								B		S
			P							
									M	
									C	
			G							

_____

_____

_____

_____

_____

_____

_____

_____

_____

_____

_____

• Escribe varias veces las palabras.

G Forma palabras siguiendo las flechas.

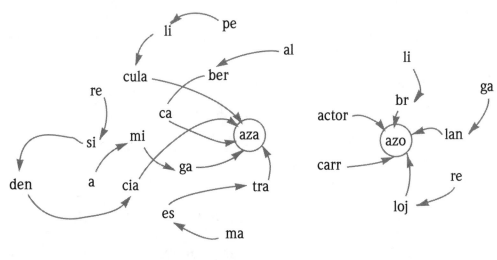

• Escribe las palabras

_____   _____

_____   _____

_____   _____

_____   _____

_____   _____

H Escribe el diminutivo.

EJEMPLOS: casa-casita   taza-tacita

1. panza _____   9. tenaza _____
2. gasa _____   10. mansa _____
3. plaza _____   11. chanza _____
4. grasa _____   12. masa _____
5. terraza _____   13. pasa _____
6. guasa _____   14. esperanza _____
7. filoso _____   15. asa _____
8. calabaza _____   16. trenza _____

Escribir textos breves y cartas

En esta lección revisaremos la estructura de un texto compuesto de varios párrafos. Para ello debes tener muy presentes los pasos que se siguen para realizar esta actividad.

RECUERDA:

> 1°   Leer el texto varias veces.
>
> 2°   Señalar la idea general de cada párrafo. (La idea general es de lo que trata el párrafo.)
>
> 3°   Asignarle al texto un título relacionado con las ideas generales.

A   Lee cuidadosamente los textos que se dan a continuación. Analízalos siguiendo los tres pasos que se indican en el cuadro de arriba. Vuelve a escribir los textos usando tus propias palabras.

I. Desde hace siglos una incógnita atormenta a la humanidad: ¿Hay vida en otros lugares del universo? En un principio, esta pregunta desató sonrisas, medio burlonas muchas veces, pero ya en este siglo las sonrisas se desvanecieron y nacieron las hipótesis científicas.

Los clásicos hombres verdes marcianos, de un solo ojo y patas de rana, ya pasaron de moda. Ahora los sabios reflexionan y se atreven a afirmar: ¡Sí, hay vida en otros lugares del cosmos!

El astrónomo y científico inglés, Arthur C. Clark, declaró recientemente: "No somos únicos, no estamos solos en el universo. Los fenómenos que se han producido en nuestro pequeño sistema solar, pueden haberse repetido ya millones de veces en sistemas solares semejantes al nuestro."

II. En 1896 se celebraron en Atenas los primeros Juegos Olímpicos de la era moderna.

Cinco aros constituyen el emblema de los Juegos Olímpicos. La perfecta simetría y la entrelazada colocación de estos círculos significan la unión de los cinco continentes, en armónica igualdad de pueblos y de razas, sin ninguna especie de supremacía.

A este simbólico mensaje fraternal contribuyen también los cinco distintos colores de los aros, pues siempre se halla presente, cuando menos uno de ellos, en todas y cada una de las banderas de los países participantes.

El espíritu olímpico está por encima de la vanidad del triunfo. Una olimpíada es algo más, es reunir en un lugar cualquiera de la tierra, a hombres y mujeres de todas las razas y nacionalidades para hacerles sentir la semejanza de su esfuerzo y la hermandad de su condición humana.

B Elige uno de estos tres temas.

a) La organización de la ceremonia del 20 de noviembre.
b) La preparación de una obra de teatro o una poesía coral.
c) Una práctica en el laboratorio de Biología.

• Piensa tres ideas generales, para que escribas tres párrafos. Trabaja cuidadosamente el primero, apoyándote en tu esquema. Continúa con los dos siguientes.

RECUERDA:

• No se repiten palabras. Se usan sinónimos.
• Se debe uno apoyar en las preguntas básicas para obtener la información sobre un texto.
• No se escriben ideas incompletas, ni tampoco se agregan ideas innecesarias.
• Hay que escribir con claridad, precisión y exactitud.

- ¿Recuerdas las dos últimas lecciones de redacción de *Para escribirte mejor 1*? En ellas escribiste cartas con base, también, en tu esquema. Vamos a hacer lo mismo ahora. Recuerda que en esas lecciones se introdujo un elemento nuevo: la idea global.

Ejemplo: **IDEA GLOBAL**

El director de la escuela les comunicó a los alumnos que recibió una convocatoria para un Concurso de Pastorelas, organizado por la SEP y la delegación a la que pertenece la escuela. Tu maestra de Español les pidió que escribieran una carta para confirmar la participación del plantel. El alumno que redacte la mejor carta será premiado por la escuela.

TEMA DE LA CARTA:	Confirmación de la asistencia y participación en el Concurso de Pastorelas.
IDEAS GENERALES:	1. Saludo. 2. Motivo de la carta. 3. Mención de la obra que participará. Grado escolar y número de participantes. Profesor(es) organizador(es). 4. Despedida.
PÁRRAFO 1	(Un bloque de ideas)
IDEA PRINCIPAL:	Encabezado.
	Sr. Lic._____ Delegación de_____ P R E S E N T E .
PÁRRAFO 2	(Un bloque de ideas)
IDEA PRINCIPAL:	Nos dirigimos a usted atentamente con el objeto de confirmar nuestra participación en el Concurso de Pastorelas.

PÁRRAFO 3   (4 bloques de ideas)

IDEAS PRINCIPALES: • Datos de la obra que van a presentar.
                       (Título, autor, nacionalidad.)
                      • Datos de los alumnos participantes.
                      • Datos de los maestros organizadores.
                      • Tiempo de preparación de la obra.
                       Número de ensayos. Cuándo y dónde se
                       han realizado.

PÁRRAFO 4   (Un bloque de ideas)

IDEA PRINCIPAL: Despedida.

C Escribe con mucho cuidado en una hoja de bloc la carta "desarmada" arriba. Sigue los lineamientos básicos de la redacción.

D Escribe el esquema de una carta con la idea global que tú elijas. Para hacerlo, consulta el esquema que se dio en la actividad B de esta misma lección.

Una vez diseñado el esquema, intercámbialo con el de algún compañero y redacta la carta que te corresponda. Devuélvele la carta a tu compañero adentro de un sobre debidamente rotulado, y procedan a evaluar los trabajos.

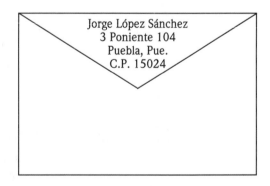

Sr. Jaime Torres Blanco
Ave. Chalma 93
Col. del Bosque
Cuernavaca, Mor. C.P. 03824

Jorge López Sánchez
3 Poniente 104
Puebla, Pue.
C.P. 15024

Usos de Y y LL

Ya conoces algunos usos de la **y** y de la **ll**. Vamos a recordarlos.

Observa las siguientes palabras, todas tienen algo en común.

voy   hay   rey

RECUERDA:

> Se escribe **y** al final de las palabras que terminan en diptongo.

A   Encuentra las palabras terminadas en **y** en la sopa de letras.

D	M	V	O	Y	S	E	S	T	O	Y
O	X	H	T	B	J	I	F	T	F	A
Y	E	M	A	M	S	M	P	B	Ñ	U
B	A	D	F	U	R	W	I	U	G	G
M	T	S	O	Y	T	O	Ñ	E	M	A
Ñ	P	J	O	I	Q	L	P	Y	E	R
S	A	C	T	G	O	E	W	S	T	A
F	Ñ	G	H	H	A	Y	H	J	R	P
C	A	R	E	Y	P	O	F	Ñ	A	S

• Escribe tres veces cada palabra. Usa tu cuaderno.

ATENCIÓN:

rey - reyes

B Cambia al plural.

ley _____   carey _____   virrey _____
mamey _____   buey _____   batey _____

Ya te habrás dado cuenta de que en el plural la **y** se conserva, y suena como [y].

• Escribe varias veces las palabras.

OBSERVA:

yeso   **yo**yo   **yu**gular

> ¿Recuerdas que con excepción de **llegar, llenar, llevar, llover, lluvia** y **llorar** y sus derivados, la mayoría de las palabras que empiezan con **ye, yo, yu**, se escriben con **y**?

C Completa con **ye, yo, yu**.

_____ ma   _____ nque   _____ gua
_____ landa   _____ go   _____ yo
_____ so   _____ cateco   _____ gurt
_____ gular   _____ te   _____ rno
_____ rba   _____ nta   _____ ca

D Organiza familias de palabras.

llovizna	llenazo	llegado	llevadero	lloroso
llenarse	lluvioso	lloradera	allegado	llevé
llegando	llevarse	llenito	llegan	lloviendo
lleno	llevado	llueve	lloriquear	lleva
llorando	lloviznar	llenado	llorón	llegaré

llegar	**llenar**	**llevar**	**llorar**	**llover**

OBSERVA:

ro**dilla**   lad**rillo**   chi**quillo**   ave**cilla**

RECUERDA:

Las palabras que terminan en **illa**, **illo** se escriben con **ll**. En esta regla incluimos los diminutivos y despectivos.

E Completa con **illo, illa**.

s_____	br _____	cap_____
membr_____	ard _____	cuch_____
ast _____	zorr_____	mant _____
cast_____	pand_____	cep_____
zapat_____	rod _____	ladr_____

La **ll** aparece en muchas palabras que no siguen ninguna regla. Puede estar al principio o en medio de la palabra.

EJEMPLO: **aullar**   **calle**   **patrulla**   **llanta**

F Escribe palabras de la misma familia.

EJEMPLO:

gallo   gallinero   gallero   engallarse

silla _____ _____ _____
llave _____ _____ _____
batalla _____ _____ _____
callar _____ _____ _____
medalla _____ _____ _____
llamar _____ _____ _____
detalle _____ _____ _____
llama _____ _____ _____
pollo _____ _____ _____
llaga _____ _____ _____

OBSERVA:

cocheillo   maripos**illa**

RECUERDA:

> Las terminaciones **illo**, **illa** también se escriben con **ll** cuando son diminutivos y despectivos.

OBSERVA:

lombriz - lombric**illa** *

G   Escribe los diminutivos. Atención con la **s** y la **c**.

bomba _____   pantalón _____
ave   _____   actriz * _____
casa _____   palo _____
reloj _____   lápiz * _____
nariz * _____   guasa _____

H   Cambia las palabras anteriores al plural.

_____   _____
_____   _____
_____   _____
_____   _____

OBSERVA:

orilla - orillar   silla - ensillar

> Recuerda que los verbos terminados en **llar**, relacionados con sustantivos que lleven **ll**, conservan estas letras.

* Recuerda que la **z** final cambia por **c** antes de **e** o **i**.

I Escribe un verbo relacionado con la palabra que se da.

fallo_____	sello _____
cepillo_____	rollo _____
martillo _____	patrulla _____
astilla _____	casilla _____
rodilla _____	cuchillo _____
maravilla_____	detalle _____

J Escribe el significado de estas palabras. Usa tu diccionario.

lla _____

ha

ya _____

K Completa con **haya** o **halla.**

1. Una vez que _____ terminado, te avisaré.
2. Cada vez que _____ una falta de ortografía me hace repetir la palabra.
3. La madera de _____ se emplea para hacer muebles.
4. El antepresente de subjuntivo del verbo saber es _____ sabido.
5. Está buscando al perro por todos lados, pero no lo _____ .
6. También se hacen mangos de herramientas con madera de _____ .

L Completa.

_____ del verbo haber se escribe con _____ .

Halla del verbo _____ se escribe con _____ .

20 Estructura del relato

Hasta ahora hemos venido trabajando en la redacción de textos informativos; esto es, de textos que sirven para comunicar ideas.

Sin embargo, como tú ya sabes, hay otros tipos de textos, por ejemplo, aquéllos que nos sirven para contar historias. Estos escritos, que en este manual vamos a llamar **relatos**, los empleamos para hablar de acciones, de situaciones y de personajes.

ATENCIÓN:

> Texto informativo = ideas
> Texto narrativo   = acciones (**Relato**)

En lecciones anteriores propusimos un esquema para la construcción de párrafos. Valiéndote de ese esquema practicaste la redacción de párrafos claros y precisos, con ideas bien ordenadas y empleo de vocabulario adecuado. Ese mismo esquema nos será de utilidad para la redacción de textos narrativos.

Pero un texto narrativo es diferente de uno informativo. En este último se trata de dar una información, tal y como su nombre lo dice, y en el narrativo lo que queremos es contar una historia. Para hacerlo debemos observar que la estructura de un texto narrativo tiene cuatro momentos: **Presentación**, **Desarrollo**, **Nudo** y **Desenlace**.

Vamos a poner un ejemplo muy sencillo que nos permita distinguir los cuatro momentos en que se estructura la historia.

PRESENTACIÓN	DESARROLLO	NUDO	DESENLACE
Roberto	Quería ir al concierto de "La. Ley". No tenía permiso. Hacía planes. Se fue sin permiso.	Tuvo un grave problema. Sintió miedo.	Sus papás lo castigaron. Lastimó a sus padres.

Lo anterior es un simple ejemplo para mostrar —de manera clara y simplificada— los cuatro momentos de que se compone un texto narrativo.

Fíjate, en la presentación, como su nombre lo indica, introducimos o presentamos la situación, el lugar y el o los personajes. En el desarrollo se amplía la información anterior con acciones o descripciones; en el nudo —momento climático de la narración— se presenta el conflicto. Y en el desenlace se plantea la forma en que se resolvió el conflicto propuesto en el nudo; se dice cuándo y cómo terminó el asunto. Por supuesto, cada uno de los momentos se compone de varios bloques de ideas y no de una oración como se hizo arriba. (En una novela larga, cada uno puede corresponder a varios capítulos de la obra.)

Vamos a escribir un relato breve con los elementos que tenemos.

PRESENTACIÓN

Roberto, el amigo de Jorge, es un chavo muy buena onda. Además de alegre y simpático, aunque algo rebelde, es un compañero generoso que no por ser uno de los más brillantes del salón se la cree. Siempre está dispuesto a ayudar, a compartir lo que sabe —y sabe mucho— y a solidarizarse con todos.

DESARROLLO

El muchacho, de día y de noche soñaba con asistir al concierto de rock del grupo "La Ley". Sabía que era casi un sueño porque sus papás le habían negado el permiso; pero estaba obsesionado con la idea, no podía pensar en otra cosa.

Se pasaba las tardes en su cuarto haciendo planes: le pediría el dinero a su abuela o a alguno de sus compañeros, a su padrino... Él trabajaría después para pagarles. Podría emplearse en un supermercado, en un estacionamiento, vender algo... Se iría sin permiso... Lo que fuera con tal de asistir al evento. No quería perdérselo. No, por ningún motivo, pensaba.

El sábado en la noche, día del concierto, de pronto Roberto se levantó de la mesa y dijo que le dolía mucho la cabeza. Se despidió de su mamá con un beso, les deseó buenas noches a los demás y se fue a su cuarto. Ahí tenía todo dispuesto. Se puso su chamarra y sus tenis, saltó por la ventana y llegó a la terraza del departamento de su amigo Jorge. Salieron sin que nadie los viera y se dirigieron felices al estadio. Roberto, emocionado y feliz, no podía creer en su buena suerte.

NUDO

Cuando regresó de la escuela el lunes, todavía con la música resonando en el interior de todo su cuerpo, Roberto comprendió que se había metido en un grave problema. Sus hermanas no estaban, seguramente las habían alejado intencionalmente, y sus padres lo esperaban en la sala de la casa con una expresión en la mirada que el muchacho nunca les había visto. Sintió miedo. Un ligero escalofrío recorrió su espina dorsal. Bajó los ojos y se quedó inmóvil, esperando.

DESENLACE

El padre con toda calma le comunicó a Roberto que le habían perdido la confianza, que pasaría mucho tiempo antes de que volvieran a recuperarla. Le informó además que habían retirado el radio y los discos de su cuarto, y que durante las vacaciones, que ya estaban próximas, iría a trabajar de peón al rancho de don Aurelio. Supo también que había lastimado a sus padres, que se había expuesto a un peligro innecesario y que las cosas no se hacen así.

Con el cuento anterior lo único que queremos es ejemplificar con claridad cuáles son los momentos que forman la estructura de un texto narrativo. Ahora, vamos a hacer un esquema.

RECUERDA:

Un texto narrativo consta de cuatro momentos:			
presentación	**desarrollo**	**nudo**	**desenlace**
¿Quién? ¿Dónde? ¿Cuándo?	¿Cómo? ¿Por qué? ¿Para qué? ¿Cuándo?, etc.	¿Cuál es el problema?	¿Cómo se resolvió?

PRESENTACIÓN

Responde a las preguntas:

¿Quién(es)?   Roberto.

¿Dónde?   En la ciudad donde vive Roberto.

¿Cuándo?   En la época actual.

DESARROLLO

Responde a las preguntas:

¿Qué pensaba?   Que tenía que ir a ese concierto.

¿Qué hacía en   Planes para conseguir el dinero para el
las tardes?   concierto.

¿Qué decidió?   Irse al concierto sin permiso.
¿Con quién fue?   Con su amigo Jorge.

NUDO

Responde a la pregunta:

¿Qué pasó?   Se metió en un grave problema. Tuvo miedo.

DESENLACE

Responde a las preguntas:

¿Cómo se   Negativamente para Roberto. Sus padres se
resolvió?   molestaron y lo castigaron.

¿Cuándo?   Dos días después del concierto.

A Crea dos relatos breves a partir de las ideas que se dan. Agrega muchas otras que se te ocurran para enriquecer tu narración.

1. **PRESENTACIÓN.**   Carlos y su primo René de Guadalajara.

   DESARROLLO.   Alquilaron trajes para la fiesta de Rocío.

   NUDO.   Los trajes se estropearon en la fiesta.

   DESENLACE.   Tuvieron que pagar los trajes.

2. **PRESENTACIÓN.**   Martha y su amiga Tere.

   DESARROLLO.   Fueron a su clase de aeróbics.
   Súbitamente empezó a llover.

   NUDO.   Tere se lastimó una pierna.

   DESENLACE.   Se disgustó mucho porque no pudo ir a la
   fiesta de su amiga Carla.

21 Usos de G y J

OBSERVA:

gato   **gue**rra   **gui**so   **gu**sano   **go**ta

Tú ya sabes que la letra **g** corresponde a dos sonidos diferentes.

g
[g] antes de **a, o, u.**
[j] antes de **e, i.**

También sabes que para obtener los sonidos [ge] y [gi] agregamos una **u.** Así: **gue, gui.**

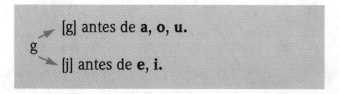

g
[g] gato
[j] gente

Recuerda que usamos corchetes [ ] cuando escribimos los sonidos, para distinguirlos de las letras.

A Completa con **g** o **gu.**

_____utural	_____uante	_____allito	se_____ido
_____allina	_____iñol	_____ustavo	_____olpe
jil_____ero	jerin_____a	á_____ila	para_____uas
_____otera	_____usano	ju_____ete	_____erra
_____illermo	_____olondrina	a_____uacero	_____ato

- Escribe varias veces las palabras. Usa tu cuaderno. No olvides que la ortografía es cuestión de práctica.

OBSERVA:

güero   pin**güi**no

RECUERDA:

> Usamos diéresis (¨) sobre la **u** en güe, güi cuando ésta debe pronunciarse.

B Escribe los diminutivos de las palabras que se dan. Escríbelos dos veces.

agua   _____   _____

paraguas   _____   _____

pingüino   _____   _____

yegua   _____   _____

cigüeña   _____   _____

¿Puedes encontrar otras palabras con **güe**, **güi**? Escríbelas.

C Relaciona las palabras con una línea.

agua	enganchado
seguir	guerrillero
gobierno	enseguida
gancho	desgobernar
guerra	aguacero

RECUERDA:

> Los derivados y compuestos conservan la ortografía original.

D Forma palabras compuestas. Usa **des, a, en.**

Ejemplo:

agua   desaguar

ganas	_____	guerra	_____
gancho	_____	gusano	_____
garra	_____	guardar	_____
gastado	_____	grande	_____
gala	_____	gobernar	_____
gordo	_____	globo	_____
goma	_____	gota	_____

E Escribe el significado de las siguientes palabras. Usa tu diccionario.

geocéntrico _____

_____

geografía _____

_____

geomagnetismo _____

_____

geodesia _____

_____

geopolítica _____

_____

¿Observaste que todas empiezan con la partícula **geo** y que se escriben con **g**?

Ahora que conoces el significado de las palabras anteriores escríbelas en tu cuaderno, separándolas según su uso.

FÍJATE:

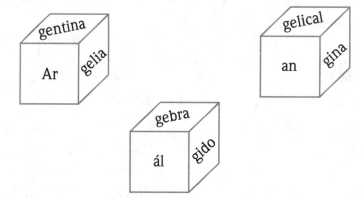

* Escribe las palabras de los dados.

_____   _____

_____   _____

_____   _____

¿Notaste qué tienen en común las palabras de los dados?

_____

> Se escriben con **g** las palabras que empiezan con **ar**, **an** y **al**. Excepto: **aljibe** y **aljerife**.

F Une las palabras siguiendo las flechas.

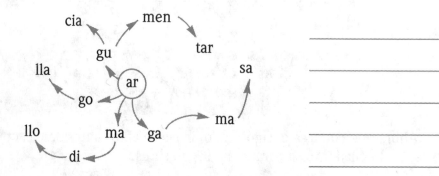

_____

_____

_____

_____

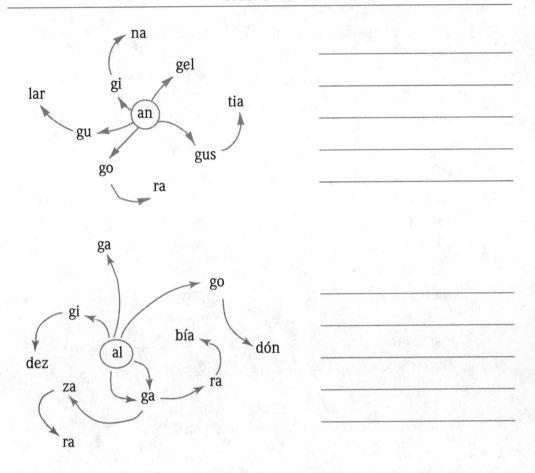

- Busca el significado de las palabras que no conozcas y escríbelo en tu cuaderno.

OBSERVA:

piloto**aje**   vend**aje**   model**aje**

RECUERDA:

La terminación **aje** se escribe con **j.**
Excepciones: **ambages** y otras de uso poco frecuente.

107

G Escribe un sustantivo terminado en **aje**, relacionado con la palabra que se da.

Ejemplo:

pasar   <u>pasaje</u>

lengua	_____	rama	_____
virar	_____	pluma	_____
maquillar	_____	tirar	_____
aprender	_____	vendar	_____
salvajada	_____	corajudo	_____
aterrizar	_____	tatuar	_____
viajar	_____	carro	_____
equipar	_____	hospedar	_____
mensajero	_____	masajista	_____
olas	_____	drenar	_____

• Escribe varias veces las palabras de arriba.

• ¿Puedes encontrar otras palabras terminadas en **aje**?

H Usa la palabra **ambages** en una oración.

OBSERVA:

mensa**jería**   conse**jero**   ore**jera**

Fíjate en la terminación de estas palabras y completa.

Todas las palabras que terminan en _____ , _____ y _____ se escriben con _____ . Excepto **ligero.**

I Escribe en las casillas las palabras que se dan.

mensajero

conserjería

cajera

cerrajero

relojero

tijeras

orejera

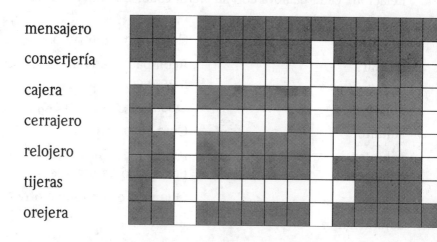

J Escribe tres veces las palabras en tu cuaderno.

K Completa con **aje, jero** o **jería.**

par_____	bru _____	agu_____
gran_____	tr _____	relo_____
ropave_____	conser_____	foll _____
conse _____	hosped_____	mensa _____

• Escribe varias veces las palabras.

RECUERDA:

La ortografía es cuestión de práctica.

OBSERVA:

adjetivo   **adj**unto   **obj**eto   **obj**eción

RECUERDA:

Las palabras que empiezan con **adj** y **obj** se escriben con **j.**

L Relaciona cada palabra con su significado. Usa tus colores.

adjetivar	Conjuro o exorcismo.
objetar	Acompañar, enviar una cosa juntamente con otra.
objeto	Oponer reparo a una opinión.
adjunto	Cosa corpórea.
adjuntar	Agregar significación al sustantivo por medio de un adjetivo.
objetivo	Que va o está unido a otra cosa.
adjuración	Finalidad.

- Escribe varias veces las palabras anteriores. Observa que cuando la palabra *objetivo* es un adjetivo tiene otro significado. Escríbelo. Indica su antónimo. Da ejemplos empleando ambos adjetivos. Explica esta oración: Su opinión no es muy objetiva.

M Localiza las palabras del camino y escríbelas en las rayas.

A	D	J	U	N	T	A	R
D							A
J							V
U							I
R							T
A							E
C							J
I							D
Ó							
N							

O	B	J	E	T	O
V					B
I					J
T					E
E					T
J					A
B					R
A	D	J	U	N	T	O

_____   _____

_____   _____

_____   _____

22 Estructura del relato

Una vez que hemos trabajado con la estructura de un texto narrativo, vamos a armar y a desarmar algunos relatos con el fin de identificar los cuatro momentos de la estructura: la presentación, el desarrollo, el nudo y el desenlace.

¿En cuántas ocasiones tus compañeros "cuentan" una película y no les entiendes porque mezclan los momentos del relato? Es por eso que ahora vamos a hacer precisamente ejercicios para ordenar historias.

FÍJATE:

Los siguientes bloques de ideas pertenecen a una narración, y están en desorden. Vamos a ordenarlos con la ayuda de ciertas preguntas básicas.

I

Asustado, corrió al pueblo a dar cuenta del suceso. Al llegar, encontró a todos alarmados porque se habían sentido algunas sacudidas y no hallaban ninguna explicación.
Todos estaban demudados y pálidos, viendo que algo inexplicable y poderoso estaba ocurriendo en sus campos.

II

Días después tuvieron la respuesta cuando la lava y el polvo formaron un cono de más de 300 metros de altura. Había nacido un volcán: el Paricutín.

III

El 20 de febrero de 1943 todo era paz y tranquilidad en los campos michoacanos. Pedro García y los otros campesinos araban tranquilamente sus tierras. Algunos silbaban, otros conversaban. Todo estaba en calma.

IV

Pedro García pensaba en su hijo que estaba por nacer. De vez en cuando miraba al horizonte y sonreía, deseando muchas cosas buenas para su primogénito. Volvía a su arado y trabajaba con energía, sintiendo que la vida era amable y grata para ellos: después de varios años, por fin esperaban el hijo tan anhelado.

Pedro araba absorto en sus pensamientos cuando vio que un chorro de vapor salía de un agujero que se había formado en la tierra.

¿Puedes decir cuál de los cuatro corresponde a la presentación del relato? Claro, lo primero que debes hacer es preguntar quién o quiénes son los personajes que intervienen en las acciones de la narración. En este caso la respuesta se encuentra en el bloque III , ya que Pedro García (y los otros campesinos) es el personaje.

Ahora, si te preguntas qué acción o acciones realiza el personaje Pedro García, que representen el desarrollo del relato, encuentras la respuesta en el bloque IV.

Te preguntas ahora cuál es el momento culminante, climático de la narración: ¿qué pasó? La respuesta está en el bloque I: Algo inexplicable y poderoso ocurría en los campos.

En el bloque II encontramos la resolución del nudo, la conclusión o desenlace que, en este caso, es una explicación del fenómeno que ocurrió.

El relato queda entonces ordenado de la siguiente manera: III, IV, I, II.

A Lee con atención los siguientes textos. Intenta localizar las partes de su estructura: presentación, desarrollo, nudo y desenlace. Como estos textos son muy breves, en ocasiones, no se ve muy claramente la estructura como en el caso de un texto narrativo más complejo: el cuento o la novela. Sin embargo, es conveniente que trates de encontrar las partes de la estructura; es recomendable comentarlas en voz alta con los compañeros y el profesor.

Una vez que hayan hecho lo anterior, reescribe los textos empleando tus propias palabras.

1) Sobre las olas

El día anterior la mujer me encargó la compostura del reloj: pagaría el triple si yo lo entregaba en veinticuatro horas. Era un mecanismo muy extraño, tal vez del siglo XVIII, en cuya parte superior navegaba un velero de plata al ritmo de los segundos.

Toqué en la dirección indicada y la misma anciana salió a abrirme. Me hizo pasar a la sala. Pagó lo estipulado. Le dio cuerda al reloj y ante mis ojos su cuerpo retrocedió en el tiempo y en el espacio, recuperó su belleza —la hermosura de la hechicera condenada siglos atrás por la Inquisición— y subió al barco que, desprendido del reloj, zarpó en la noche, se alejó para siempre de este mundo.

BERNARD M. RICHARDSON,
en *El libro de la imaginación.*

2) Historia verídica

A un señor se le caen al suelo los anteojos, que hacen un ruido terrible al chocar con las baldosas. El señor se agacha afligidísimo porque los cristales de anteojos cuestan muy caro, pero descubre con asombro que por milagro no se le han roto.

Ahora este señor se siente profundamente agradecido, y comprende que lo ocurrido vale por una advertencia amistosa, de modo que se encamina a una casa de óptica y adquiere en seguida un estuche de cuero almohadillado doble protección, a fin de curarse en salud. Una hora más tarde se le cae el estuche, y al agacharse sin mayor inquietud descubre que los anteojos se han hecho polvo. A este señor le lleva un rato comprender que los designios de la Providencia son inescrutables, y que en realidad el milagro ha ocurrido ahora.

JULIO CORTAZAR,
en *El libro de la imaginación.*

B Reunidos en equipos, elijan una película que haya visto la mayoría de los compañeros. Comenten en voz alta las partes de la estructura del film en cuestión.

Una película es una narración; por consiguiente, tiene una presentación, un desarrollo de la historia y las acciones, un nudo y un desenlace.

23 Usos de H

OBSERVA:

humo **hum**ildad **hum**edad

RECUERDA:

> Todas las palabras que empiezan con **hum** se escriben con **h**.
> Excepto: **umbrío, umbilical** y **umbral.**

A Escribe el significado de las excepciones.

umbrío _____

umbilical _____

umbral _____

* Escribe en tu cuaderno una oración con cada una de las palabras anteriores.

B Forma familias de palabras.

Ejemplo:

humor
{
humorístico
malhumorado
humorismo
}

húmedo
{
_____
_____
_____
}

humilde
{
_____
_____
_____
}

humo {
_____
_____
_____

humano {
_____
_____
_____

C Encuentra ocho palabras en la sopa de letras. Escríbelas.

T	W	R	X	B	C	Y	P	R	Z	C	A	T	B
P	H	U	M	I	L	D	E	S	H	U	M	O	O
Q	A	G	S	A	Q	B	M	Ñ	X	F	G	P	Q
R	O	X	P	M	S	T	H	H	U	M	A	N	O
J	C	H	Ñ	W	Y	F	P	I	D	I	G	Z	T
T	K	U	P	O	X	M	H	Y	Ñ	H	W	Y	P
H	U	M	A	N	I	Z	A	R	O	F	C	G	H
U	B	I	L	Ñ	E	A	C	B	Y	E	O	J	W
M	D	L	F	D	K	H	U	M	E	D	A	D	S
O	G	L	T	P	Q	P	Y	R	K	I	O	J	K
R	H	A	E	J	H	U	M	A	R	E	D	A	E
X	O	R	T	W	K	Q	J	Y	C	A	T	Z	S

_____
_____
_____
_____
_____
_____
_____

• Escribe varias veces las palabras de los ejercicios de arriba.

OBSERVA:

hidratar   **hidr**ógeno

RECUERDA:

Todas las palabras que empiezan con **hidro**, **hidr**, que significa **agua**, se escriben con **h**.

D Completa con **hidr** o **hidro**. Fíjate en los acentos.

_____ a	_____ xido	_____ fobia
_____ geno	_____ cefalia	_____ metro
_____ stática	_____ atado	_____ pico
_____ sfera	_____ ide	_____ atar
_____ terapia	_____ plano	_____ áulica

- Busca en el diccionario el significado de las palabras que no conozcas. Escríbelas en tu cuaderno ordenándolas según su uso.

Observa las siguientes palabras. Tienen algo en común.

historia	**host**il	**herb**olario	**holg**ar	**horr**ible
hispanidad	**hosp**ital	**her**mano	**holg**azán	**horr**endo

¿Notaste qué tienen en común? Claro, se escriben con **h**.

RECUERDA:

> Se escriben con **h** todas las palabras que empiezan con **hist, hisp, host, hosp, herb, her, holg** y **horr**.
> Excepto: **Olga, ostión, ostra, istmo, ostentoso** y derivados.

E Completa con **hist, host, herb, holg, horr, hosp, hisp**.

_____ icio	_____ ia	_____ orieta	_____ anista
_____ ura	_____ oroso	_____ anza	_____ endo
_____ azán	_____ eria	_____ ital	_____ ilizar
_____ italarlo	_____ ario	_____ il	_____ érico
_____ igar	_____ or	_____ ano	_____ ología
_____ ado	_____ edaje	_____ oriador	_____ ívoro

- Escribe varias veces las palabras.

- Escribe las excepciones.

- Encuentra tres palabras derivadas de "ostentar" y dos de "ostra".

_____   _____
_____   _____
_____

F Busca en tu diccionario palabras que empiecen con:

hist _____   hosp _____
_____   _____

herr _____   holg _____
_____   _____

horr _____   host _____
_____   _____

G Forma listas de palabras que empiecen con las letras que se dan.

his_____ is _____ hos _____ os _____
_____ _____ _____ _____

her_____ er _____ hol _____ ol _____
_____ _____ _____ _____

hor _____ or _____ ham _____ am _____

_____ _____ _____ _____

_____ _____ _____ _____

• Ya habrás observado que muchas palabras llevan hache y no siguen ninguna regla. Escríbelas muchas veces para que las aprendas bien.

RECUERDA:

Para aprender ortografía debes practicar.

OBSERVA:

hielera   **hue**sudo   **hui**diza

RECUERDA:

Todas las palabras que empiezan con **hie**, **hue**, **hui** se escriben con **h**.

	hue		
	rta	so	
lga	lla	vo	

	hui		
	pil	dizo	
da	r	chol	

	hie	
rro	rba	
na	lo	dra

H Forma cinco palabras con cada bloque.

hue   hui   hie

_____   _____   _____

_____   _____   _____

_____   _____   _____

_____   _____   _____

_____   _____   _____

- Busca siempre en el diccionario el significado de las palabras que no conozcas.

I Completa con **hue** o **hie.**

_____rfano	_____vo	_____lo	_____rba
_____lga	_____rro	_____sped	_____lla
_____so	_____na	_____lera	_____rta

- Escribe otra vez las palabras.

J Forma palabras siguiendo las flechas y completa los enunciados.

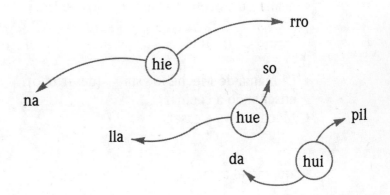

1. Miguel se rompió un _____ de la mano izquierda jugando futbol americano.
2. La _____ es un animal peligroso.
3. Marcela me regaló un _____ precioso.
4. El intento de _____ de los presos de la cárcel de Brasil fue muy impresionante.
5. En las actas de nacimiento aparece la _____ digital de la persona a quien registran.
6. El _____ es un metal que se usa mucho en la industria y en las artes.

En la lección anterior ordenaste los momentos del relato a partir de varios bloques de ideas y de las preguntas básicas. Aquí también vas a ordenarlos, pero únicamente te daremos las ideas principales.

OBSERVA:

I.
• Nadie quiso comer el arroz. (desenlace) ¿Cómo se resolvió? ¿Cómo terminó?

II.
• La mamá de Meche le está (desarrollo) ¿Qué hacen?
  enseñando a cocinar. ¿Por qué?
  Meche se va a casar.

III.
Se quemó el arroz. (nudo) ¿Cómo? ¿Por qué?

IV.
• Meche y su mamá. (presentación) ¿Quién(es)?

Lo primero que hacemos es ordenar los momentos del relato. Quedan así: IV - II - III - I. Una vez que lo hemos hecho podemos escribir nuestra historia.

La mamá de Meche, que es una señora dedicada a su hogar y a su familia, se preocupa por todos sus hijos y, ahora, particularmente por Meche, ya que sólo falta un mes para que se case y Meche no sabe cocinar.

El otro día su mamá le dio instrucciones a Meche para hacer arroz, pero ella no puso mucha atención porque, a medida que se acerca la fecha de la boda, se vuelve más distraída. Meche empezó a hacer el arroz, lo puso en la lumbre y olvidó que debía cuidarlo y tenerlo en fuego muy suave. De pronto, sintió un olor extraño: ¡el arroz se había quemado! Rápidamente Meche lo cambió a otra cacerola para ver si no se notaba tanto el sabor a quemado.

Llegó la hora de la comida, se sirvió el arroz y, por supuesto, nadie quiso comerlo. Entonces, la mamá de Meche que tiene experiencia en cuestiones domésticas, improvisó una ensalada para sustituir el arroz quemado de Meche.

Desde entonces los papás y los hermanos de Meche hacen constantes bromas sobre las habilidades culinarias de Meche. Ella sólo se ríe.

A Ordena las ideas principales que se dan y escribe una historia breve. Agrega las ideas secundarias y complementarias que necesites.

1. • Nadie lo esperó en la terminal. ( )

    • Tomó un taxi. ( )

    • El Sr. Álvarez es padrino de
      Ricardo. ( )

    • Llegó a Veracruz con una hora
      de retraso. ( )

2. • Unos ladrones de autos del
      sur de la ciudad. ( )

    • La patrulla 7060 logró
      atraparlos. ( )

    • Los vecinos hicieron la denuncia
      de inmediato. ( )

    • En la colonia se sienten más tranquilos. ( )

3. • El profesor anuló el examen y
      mandó llamar a sus papás. ( )

    • A Daniel no se le facilitan
      las matemáticas. ( )

    • Daniel hizo un "acordeón" para
      el examen final. ( )

    • El profesor lo descubrió. ( )

B En los siguientes ejercicios sólo aparecen dos momentos del relato. Completa con la idea principal correspondiente a los momentos faltantes. Después escribe la historia con los cuatro momentos del relato, añadiendo todas las ideas que se te ocurran.

1. • Metió tres goles en el partido
   de semifinales.   (   )

   • El delantero del equipo contrario.   (   )

2. • No pagamos la comida en el restaurante.
   Papá se quejó con el gerente.   (   )

   • Los cubiertos estaban sucios
   y la comida muy mala.   (   )

3. • Alina, mi hermana mayor.   (   )

   • Ya no volverá a prestarme nada.   (   )

Las imágenes ilustradas son de gran apoyo cuando ordenamos historias; de esto encontramos ejemplos a diario en la televisión y en las revistas. Por lo tanto, como ya estás acostumbrado a "ver escenas", los ejercicios siguientes resultarán muy fáciles para ti.

C Observa las ilustraciones y redacta, con tus propias palabras, las historias que reflejen el contenido de cada ilustración. Cada imagen corresponde a un momento del relato. Inventa tú la presentación.

D Indica a qué parte del relato corresponde la ilustración. Después escribe la historia completa.

_____

_____

_____

_____

_____

_____

_____

_____

_____

_____

_____

_____

_____

LECCIÓN

25 Usos de R y RR

OBSERVA:

Rocío   carreta   ropa   correo

RECUERDA:

> La letra **r** se duplica para producir el sonido **[rr]**. El sonido **[rr]** corresponde a la **r** al inicio de una palabra y a la **[rr]** en medio de una palabra cuando está entre vocales.

A   Separa las palabras y escríbelas en las líneas de abajo.

carroza	río	rueda
Raquel	ramo	rayo
sierra	agarra	forraje
rosal	carreta	carruaje
herraje	reja	rebaño
cerro	cerrado	charro
risa	roto	cerrojo
fierro	irreal	reflejo
Rosa	rojizo	Raúl
romance	forrado	herrero

r

rr

_____   _____
_____   _____
_____   _____
_____   _____
_____   _____
_____   _____

Hay palabras con **r** intermedia en las que el sonido es [r] porque no está entre dos vocales.

Ejemplo:

pala**br**a   **c**a**r**ne

B Encuentra algunas.

_____   _____
_____   _____
_____   _____
_____   _____

OBSERVA

Isra**e**l   **En**ri**que**   **alr**e**d**edor

Las letras anteriores a la **r** son: _____ , _____ y _____ .

RECUERDA:

Después de **s**, **n** y **l** se escribe **r** y suena [rr].

C En las víboras hay palabras con **sr**, **nr**, **lr**. Sepáralas y escríbelas

sr

_____

_____

Palabras en las víboras:
- honradez
- Enriqueta
- sonrisa
- enrejado
- Israel
- enredadera
- enredar
- enrollar
- alrededor
- enrolar
- enramar
- sonreír
- enraizar
- Israelita

nr

_____

_____

_____

_____

_____

_____

_____

_____

_____

lr

_____

- Escribe varias veces las palabras del ejercicio anterior. Usa tu cuaderno.

RECUERDA:

> Después de **s, n** y **l** la **r** suena fuerte [rr] pero no se escribe doble.

OBSERVA:

sub - rayar   subrayar   para - rayos   pararrayos

RECUERDA:

> En las palabras compuestas se usa **r** si la letra anterior es una consonante, y **rr** si es vocal.

D Completa con **r** o **rr**.

porta____etratos	en____edadera	semi____edondo
en____iquecer	pre____ogativa	para____ayos
banca____ota	hazme____eír	anti____eglamentario
contra____evolución	vice____ector	en____ollar
en____ojecer	greco____omano	sub____ayar
pre____equisito	en____ejado	auto____etrato
contra____ecibo	sub____eino	cuasi____eflejo

- Escribe varias veces las palabras en tu cuaderno. Busca en el diccionario el significado de las que no conozcas y escríbelas de nuevo.

RECUERDA:

> Un error ortográfico puede cambiar el significado de una palabra. Usa el diccionario; te ayuda a lograr una mejor comprensión de lo que lees y lo que escribes.

OBSERVA:

caro

carro

E Une las palabras como las de arriba. Usa diferentes colores.

cerro   perito   parra

                                        careta

  coral   para

        perrito

                              carrito

  cero   corral

      carito   carreta

F Escribe las palabras.

r   **rr**

_____   _____

_____   _____

_____   _____

_____   _____

_____   _____

G Forma palabras relacionadas anteponiendo **en, i** o **anti**.

Ejemplo:

rosca   enroscar

raíz _____	racista _____
racional _____	rojo _____
resistir _____	regular _____
revolucionario _____	raro _____
reverente _____	reparar _____
reja _____	rollo _____
realizar _____	republicano _____
rabia _____	ronco _____
rico _____	religioso _____

• Practica las palabras que acabas de formar.

_____

_____

_____

_____

_____

_____

_____

_____

_____

_____

_____

_____

_____

_____

_____

26 Recursos de escritura

- Observa que cuando contamos una historia nos valemos de distintos tipos de escritura; tres de ellos son esenciales para escribir un relato: la narración, la descripción y el diálogo.

En el ejemplo de la lección 20 hay momentos en que narramos para hablar de las acciones que ocurren:

Se pasaba las tardes en su cuarto haciendo planes...

Hay otros en que empleamos el lenguaje para describir, para "pintar" con palabras:

La sala de televisión era una habitación sencilla, pero cálida...

El diálogo es un tercer recurso que sirve para hacer que los personajes "vivan":

—¿Me escuchaste? —preguntó Salvador.

ATENCIÓN:

> Estructura del texto narrativo (relato):
> - Presentación.
> - Desarrollo.
> - Nudo.
> - Desenlace.
>
> Recursos de escritura que se emplean en un texto narrativo (relato):
> - Narración (acciones).
> - Descripción (pintura de personajes y lugares).
> - Diálogo (voz directa de los personajes).

Por supuesto, no es necesario que "estudies" el cuadro anterior, sino más bien que tengas presentes los elementos mencionados. Es como cuando se practica un deporte: uno conoce las reglas pero, al jugarlo, simplemente se aplican; no se recitan cada vez que se está en el campo de juego, ¿verdad? Lo mismo sucede con la escritura.

Fíjate lo fácil que es localizar los recursos de escritura en un texto narrativo. Vamos a trabajar con un texto literario muy sencillo.

EJEMPLO:

El señor Cattanzara era diferente a las otras personas del barrio.	**DESCRIPCIÓN** (¿Cómo era el señor Cattanzara?)
Las preguntas que hacía cuando se encontraban eran distintas a las del resto...	**NARRACIÓN** (¿Qué acción realiza el personaje?)
y parecía saberse todo lo que decían los periódicos.	**DESCRIPCIÓN**
Los leía mientras su mujer gorda y enferma se asomaba a la ventana.	**NARRACIÓN** y **DESCRIPCIÓN**
—¿A qué te dedicas ahora en el verano, George? —preguntó el señor Cattanzara.	**DIÁLOGO** y **NARRACIÓN**
George se sintió comprometido.	**NARRACIÓN** y **DESCRIPCIÓN**
—Me gusta caminar. —¿Qué haces en el día? —Por ahora, no mucho.	**DIÁLOGOS**

BERNARD MALAMUD,
Una lectura de verano.

Como te habrás dado cuenta hemos señalado los recursos de escritura de un relato, separando con unas líneas punteadas arbitrarias el texto. Esto se hizo únicamente para que quedara más claro. Desde luego, cuando leemos o escribimos no lo hacemos así. Observa, además, que hay partes del texto en donde el autor emplea más de un recurso; es decir, se mezcla el diálogo con la descripción o con la narración. Fíjate también que para localizar los recursos de escritura simplemente acudimos a las preguntas básicas que ya conocemos.

A Lee con atención los fragmentos siguientes e identifica los recursos de escritura, de la misma manera que lo hicimos en el ejemplo de arriba.

1. Hice un esfuerzo para comprender lo que serían esos años, y vi la imagen de Paulina, sonriente, con un traje nuevo y rodeada de cosas hermosas. Esta imagen dio origen a otros pensamientos:

—Usted me dijo hace poco que el alma de Daniel Brown no valía nada: ¿cómo pues el diablo le ha dado tanto?

—El alma de ese pobre muchacho puede mejorar, los remordimientos pueden hacerla crecer —contestó filosóficamente mi vecino, agregando luego con malicia—: entonces el diablo no habrá perdido su tiempo.

Juan José Arreola,
Un pacto con el diablo.

2. Los médicos volvieron inútilmente. Había allí delante de ellos una vida que se acababa, desangrándose día a día sin saber absolutamente cómo. En la última consulta Alicia yacía en estupor mientras ellos la pulsaban. La observaron largo rato en silencio y siguieron al comedor.

—Pst... —se encogió de hombros desalentado el médico de cabecera—. Es un caso inexplicable... Poco hay que hacer...

—¡Sólo eso me faltaba! —resopló Jordán.

Alicia fue extinguiéndose en subdelirio de anemia. Durante el día no avanzaba su enfermedad, pero cada mañana amanecía lívida. Parecía que sólo de noche se le fuera la vida...

Horacio Quiroga,
El almohadón de plumas.

3. Al cruzar una bocacalle vi una señora envuelta en su rebozo que desapareció como si no existiera. Después volvieron a moverse mis pasos y mis ojos siguieron asomándose al agujero de las puertas. Hasta que nuevamente la mujer del rebozo se cruzó frente a mí.

—¡Buenas noches! —me dijo.
La seguí con la mirada. Le grité:

—¿Dónde vive Doña Eduviges?
Y ella señaló con el dedo:

—Allí. La casa que está junto al puente.

Juan Rulfo,
Pedro Páramo.

B Lee cuidadosamente el siguiente fragmento y subraya con amarillo las acciones; con rosa, las descripciones y con verde, los diálogos. Después, separa cada uno de ellos y escríbelo en el espacio correspondiente.

Y en una noche de luna llena mientras su madre, su padre y sus hermanos disfrutaban de la brisa frente a la puerta de su casa, el muchacho esperó a que la luna desapareciera detrás de una nube, y dijo:

—Hoy vi un dinosaurio en el estanque.

—¿Qué clase de dinosaurio?— le preguntó el padre, siguiéndole la corriente—. Hay varias clases, ya sabes.

—Sí, ya sé —contestó Johnny—. Éste es un brontosaurio.

—Espero que no hayan jugado juntos —añadió la madre.

Toda la familia, con excepción de Johnny rió por el comentario de la madre.

Sólo un minuto titubeó Johnny. Luego silbó tres veces; y la tierra se puso a temblar, mientras un enorme brontosaurio atravesaba el pueblo y llegaba hasta el jardín de los Lauderbinn. Johnny le dio un cacahuate.

—Sube, madre —dijo.

JACK DOUGLAS,
El niño que habló con un dinosaurio.

NARRACIÓN (acciones).

_____
_____
_____
_____

DESCRIPCIÓN (características de los personajes).

_____
_____
_____
_____

DIÁLOGOS (palabras que dicen los personajes).

_____
_____
_____
_____

Repaso de los signos de puntuación

A Lee cuidadosamente.

LA TRIBU PERDIDA

Cuando bajaron de los árboles ya eran hombres. Temerosos y torpes en el principio, la curiosidad y el arrojo los fueron haciendo agricultores, artistas, comerciantes, científicos, hasta llegaron a la luna y regresaron.

Pero ya para entonces las mujeres habían subido a los árboles. Desenvueltas y confiadas en el principio, aprendieron a cocinar, lavar ropa, barrer y sacudir, tener hijos. La costumbre hizo el resto. Y su rastro se perdió durante el último Diluvio.

ANA F. AGUILAR,
en *El libro de la imaginación.*

EL PASTOR CONVERSA CON EL LOBO

—¡Psst! ¡Psst!

El pastor se volvió y vio al lobo. El lobo estaba sentado sobre sus patas traseras y levantaba las delanteras como si fuera un perro de casa fina bien adiestrado.

—Discúlpame esta postura tan grotesca —dijo el lobo—. Tenía que tranquilizarte de alguna manera.

—Ya —dijo el pastor un poco, sólo un poco, más tranquilo.

—Escucha. ¿Por qué no llamas a la gente? Ya hace meses que no lo haces.

—No lo sé. He estado todo este tiempo bastante entretenido.

—Era divertido. Yo lo veía siempre a escondidas.

Entonces el perro del pastor consideró oportuno avisar a su amo de la existencia del peligro ladrando enérgicamente.

—Es un poco bobo, este perro tuyo, ¿no?

—Sí, pero le tengo cariño.

—Ya. Escucha, ¿y qué hacías estos meses para distraerte?

El pastor no contestó.

—¡Dímelo, hombre! Yo también me aburro.

—No puedo.

Se veía que el pastor estaba incómodo.

—¿Por qué no puedes?

—Me da vergüenza. ¡Es una cosa tan ridícula!

—Venga, dímelo.

—No. No.

JOSEP-VICENT MARQUÉS,
Amores imposibles.

- En los textos anteriores observa el uso de los signos de puntuación. Coméntalos con tu maestro y compañeros.

B Vamos a repasar los signos de puntuación que ya conoces. En los siguientes textos los hemos omitido. Colócalos en el lugar que corresponda.

RADIO PALMERA   4 puntos
7 comas

Cuando uno se sube a un taxi y escucha la extraña estación que trae sintonizada el chofer cree que la radiodifusora ésa acaba de salir al aire Luego de algunas cautelosas preguntas al respecto el taxista responde que la ha escuchado toda su vida con lo cual éste se disgusta y uno se apena Con el ánimo de lavar la culpa en la intimidad ya en casa uno busca por todo el cuadrante a Radio Palmera y no encuentra nada Primero piensa que son radiodifusoras exclusivas de los taxistas pero luego se convence de que así como es imposible conocer toda la ciudad lo mismo sucede con sus estaciones de radio sean o no de AM o FM

GUILLERMO SAMPERIO,
Gente de la ciudad.

EL DEDO   3 comas   1 signos de admiración
                8 puntos   4 guiones largos
                1 signos de interrogación

Un pobre hombre se encontró en su camino a un antiguo amigo. Éste tenía un poder sobrenatural que le permitía hacer milagros Como el hombre pobre se quejara de las dificultades de su vida su amigo tocó con el dedo un ladrillo que de inmediato se convirtió en oro Se lo ofreció al pobre pero éste se lamentó de que eso era muy poco El amigo tocó un león de piedra que se convirtió en un león de oro macizo y lo agregó al ladrillo de oro El pobre insistió en que ambos regalos era poca cosa

Qué más deseas pues   le preguntó sorprendido el hacedor de prodigios
Quisiera tu dedo contestó el otro

FENG MENG-LUNG,
en *El libro de la imaginación.*

ZACATE/ESTROPAJO   1 punto   19 comas

La melena del zacate entra sale rodea baja raspa lame humedece hace espuma plaf en la jabonadura vuelve ataca escurre se desliza quita y quita se empequeñece se va quedando calva la arrinconan la juntan con otra melena desaparece

GUILLERMO SAMPERIO,
Gente de la ciudad.

ENCUENTRO DE GNOMOS   2 signos de interrogación
                           2 comas
                           3 guiones largos
                           5 puntos

Un día el Gnomo sin Nombre andando por el bosque se encontró con otro gnomo
Qué quieres que te conceda le preguntó de buen humor
Nada Yo también soy un gnomo contestó el otro
Un gnomo Querrás decir un vanidoso

JOSEP-VICENT MARQUÉS,
Amores imposibles.

HISTORIA DE ZORROS

20 puntos
17 comas
2 punto y coma
1 signos de admiración
1 dos puntos

Wang vio dos zorros parados en las patas traseras y apoyados contra un árbol Uno de ellos tenía una hoja de papel en la mano y se reían como compartiendo una broma

Trató de espantarlos pero se mantuvieron firmes y él disparó contra el del papel lo hirió en el ojo y se llevó el papel En la posada refirió su aventura a los otros huéspedes Mientras estaba hablando entró un señor que tenía un ojo lastimado Escuchó con interés el cuento de Wang y pidió que le mostraran el papel Wang ya iba a mostrárselo cuando el posadero notó que el recién llegado tenía cola Es un zorro exclamó y en el acto el señor se convirtió en zorro y huyó

Los zorros intentaron repetidas veces recuperar el papel que estaba cubierto de caracteres ininteligibles pero fracasaron Wang resolvió volver a su casa En el camino se encontró con toda su familia que se dirigía a la capital Declararon que él les había ordenado ese viaje y su madre le mostró la carta en que le pedía que vendiera todas las propiedades y se juntara con él en la capital Wang examinó la carta y vio que era una hoja en blanco Aunque ya no tenían techo que los cobijara Wang ordenó Regresemos

Un día apareció un hermano menor que todos habían tenido por muerto Preguntó por las desgracias de la familia y Wang le refirió toda la historia Ah dijo el hermano cuando Wang llegó a su aventura con los zorros ahí está la raíz de todo el mal Wang mostró el documento Arrancándoselo su hermano lo guardó con apuro Al fin he recobrado lo que buscaba exclamó y convirtiéndose en zorro se fue

NIU CHIAO: *Ling Kuai Lu* (siglo IX)
en *El libro de la imaginación.*

La narración

- Ahora que ya te has familiarizado con la estructura de un relato y con los recursos que empleamos para escribirlo, vamos a practicar cada uno de esos recursos para que te familiarices más con ellos y logres escribir tus propias historias con todos sus elementos.

Empezaremos con la narración, es decir, con las acciones que se realizan en un relato. En la lección anterior ya hablamos de las reglas del juego para escribir y, en adelante, seguiremos poniéndolas en práctica.

NARRACIÓN A PARTIR DE LAS ACCIONES

OBSERVA:

Roberto soñaba con ese concierto.

Roberto se levantó y dijo que le dolía mucho la cabeza.

Bajó los ojos y se quedó inmóvil, esperando.

Los ejemplos anteriores son "acciones" realizadas por el personaje "Roberto". ¿Con qué tipo de palabras expresamos lo que hace el personaje? Por supuesto, con los verbos, ellos serán los que nos indiquen en un relato el recurso de la narración.

RECUERDA:

> Los personajes pueden ser humanos, animales u objetos, así como también individuales o colectivos.

A Haz que cada personaje realice cinco acciones. No repitas verbos; usa sinónimos.

EJEMPLO: Un sastre: Repara trajes, hace zurcidos invisibles, confecciona trajes a la medida de un cliente, arregla las mangas de los sacos, modifica el largo de un pantalón, cose a mano y en máquina.

1. Una rana

_____

_____

_____

2. Una muchacha

_____

_____

_____

3. Un extraterrestre

_____

_____

_____

4. Un paracaidista

_____

_____

_____

5. Una artista de televisión

_____

_____

_____

_____

6. Un perro

_____

_____

_____

7. Una patineta

_____

_____

_____

8. Un mago

_____

_____

_____

_____

Por otro lado, debemos tener en cuenta que un texto narrativo puede escribirse sobre un personaje real o imaginario; por lo tanto, las acciones también serán verdaderas o ficticias. Tú lo sabes por las películas que has visto donde aparece un héroe, por los programas de televisión o por las revistas que lees. Sin ir más lejos, en las lecciones de este manual ya has encontrado varios ejemplos.

B Escribe un texto breve que recuerdes donde participe un personaje real o ficticio.

> EJEMPLO: Una bruja (acciones ficticias) En el programa de televisión "Hechizada", Samantha transportó a su esposo al trabajo con un simple movimiento de los labios. Todos sus compañeros de trabajo se sorprendieron porque Larry, esposo de Samantha, llegó temprano, pero en piyama.

1. Batman (acciones ficticias)

2. El equipo de futbol (acciones reales)

3. El auto increíble (acciones ficticias)

4. Tu mejor amigo(a) (acciones reales)

5. Mi bella genio (acciones reales y ficticias)

NARRACIÓN A PARTIR DEL PERSONAJE

Hasta aquí las reglas del juego para escribir nos indican que podemos narrar a partir de las acciones. Pues bien, tenemos otra regla que nos permite escribir a partir del personaje; claro, con la ayuda de las preguntas básicas.

FÍJATE EN ESTE EJEMPLO:

¿Quién es?	El profesor Sergio Zamora.
¿Qué hace?	Da clases de física y de matemáticas.
¿Dónde trabaja?	En la Secundaria 230.
¿Cuál es su horario?	Los lunes, miércoles y viernes de 9 a 13 horas.
¿Cuándo lo conociste?	Yo lo conocí cuando entré a la secundaria en 1996.
¿Lo recuerdas por algún hecho importante?	Yo lo recuerdo porque gracias a él, las matemáticas se me hicieron fáciles e interesantes.

A continuación, vamos a enlazar las respuestas de la derecha, sin repetir palabras y con la puntuación y nexos correspondientes, para escribir un párrafo bien redactado.

El profesor Sergio Zamora da clases de física y de matemáticas en la Secundaria 230, los lunes, miércoles y viernes de 9 a 13 horas. Yo lo conocí cuando ingresé a esa escuela en 1991, y lo recuerdo muy especialmente porque gracias a él las matemáticas se convirtieron para mí en una materia fácil e interesante.

C Responde las preguntas que se hacen sobre el personaje. Después, a partir de ellas redacta un párrafo en el que evites la repetición de palabras y emplees los nexos y signos de puntuación que te parezcan convenientes. Revisa muy bien tu trabajo, antes de pasarlo en limpio.

1. Tu mascota. ¿Qué es? ¿Cómo se llama? ¿Quién le puso el nombre? ¿Desde cuándo la tienes? ¿Te la regalaron o la compraste? ¿Qué es lo que más te gusta de ella? ¿Cuál es el momento más significativo que has vivido con ella?

2. Tu artista favorito. ¿Quién es? ¿Qué hace? ¿De qué nacionalidad es? ¿Por qué te gusta? ¿En qué evento importante ha participado (película, concierto, festival, etc.)? ¿Lo has visto personalmente? ¿Qué te pareció?

3. Tu revista predilecta   ¿Cómo se llama? ¿Qué presentación tiene? ¿Cuál es su contenido? ¿Está dividida en secciones? ¿Qué sección te gusta más? ¿Desde cuándo la lees? ¿La coleccionas? ¿Por qué?

D   Elabora las preguntas necesarias para escribir un texto sobre el personaje que se te da. Después respóndelas y redacta un párrafo, como en el ejercicio anterior.

1. Tu novio(a).

2. Tus vecinos.

3. Tus abuelos.

_____

_____

_____

_____

_____

_____

_____

_____

_____

_____

_____

_____

_____

_____

_____

_____

LECCIÓN

29 Usos de M y N

OBSERVA:

gimnasia **amb**os **emp**obrecer

RECUERDA:

Se escribe **m** antes de **n, b** y **p**

A Forma palabras con las letras que se dan.

Ejemplo:

t b i
é también
a
m n

d v
a
e l p
r i
m
o n
s t

g e
h
i o
l
a
n
t
m s

t   g

e

i   s

a   o   u   r

l

m   c

b

_____

_____

_____

_____

_____

Vuelve a escribir las palabras.

mp	mn	mb
_____	_____	_____
_____	_____	_____
_____	_____	_____
_____	_____	_____
_____	_____	_____

- Busca en tu diccionario el significado de las palabras que no conozcas y escríbelas en tu cuaderno.

B Lee cuidadosamente las siguientes palabras.

inválido	convalecer	envenenar	informe
anfibio	invierno	inmortal	conmemorar
inmaduro	confianza	envuelto	sinfonía

Subraya la letra que va después de la **n**.

Entonces podemos decir que:

Antes de **v**, **f** y **m** se usa **n.**

145

C Encuentra las seis palabras que están en la sopa de letras.

A	I	N	M	E	R	E	C	I	D	O	N	O
Q	B	U	G	S	F	M	P	E	R	B	D	Y
E	H	C	R	V	L	I	N	V	A	S	O	R
N	I	S	D	K	C	F	A	G	C	Ñ	J	T
V	W	I	N	F	R	A	G	A	N	T	I	X
I	T	X	J	E	H	B	D	M	P	L	Q	K
D	E	S	I	N	F	E	C	T	A	N	T	E
I	V	I	N	Y	G	W	A	O	I	E	J	Z
A	H	V	Z	Ñ	K	F	I	N	M	U	N	E

Escríbelas

_____

_____

_____   _____

                                             _____

RECUERDA:

Se usa **doble n** en palabras compuestas por una partícula que termina en **n** y una palabra que empieza con **n.**

D Forma palabras relacionadas, anteponiendo las partículas **en, in** o **con.** Escribe después una oración.

Ejemplo:

in navegar   innavegable

En el noticiero informaron que por las fuertes lluvias los ríos del estado de Veracruz son **innavegables.**

necesario _____

_____

_____

noble _____

_____

_____

notar _____

_____

_____

nato _____

_____

_____

negro _____

_____

_____

natural _____

_____

_____

negar _____

_____

_____

La ortografía se debe practicar.

147

30 La narración (el narrador)

Al comparar tus trabajos de redacción con los de tus compañeros, habrás notado que tanto tú como ellos se acostumbraron ya a seguir un orden; es decir a darle una secuencia al relato, ¿no es así? Por lo tanto, lo que vas a hacer en esta lección será "jugar con el narrador", esto es, cambiar la persona que cuenta la historia.

FÍJATE:

1. En la tarde, después de comer, George **salía** de la casa y **daba** vueltas por el barrio.

2. **Era** una mañana de mayo.

3. El cuento que les **quiero** narrar.

4. Los datos del caso que **voy** a exponer han llegado a mi conocimiento.

• ¿En qué se parecen las palabras en negritas? Sí, así es. Son formas verbales. Ahora di en qué se distinguen. Claro. Los dos primeros ejemplos son verbos conjugados en tercera persona, mientras que los siguientes son verbos conjugados en primera persona.

ATENCIÓN:

> • El narrador puede estar en 1ª persona del singular; en ese caso es también un personaje que sólo puede hablar de lo que él mismo ve, piensa, siente, etc.
> • El narrador puede estar en 3ª persona. Se llama narrador *omnisciente* porque sabe todo, puede ver el interior de los personajes, sus pensamientos, ideas, etc.

• Busca en el diccionario el significado de la palabra "omnisciente" y escríbelo en tu cuaderno.

A Escribe tu diario durante una semana para que practiques la narración en primera persona. Además, puede resultar muy divertido hacerlo.

B Lee con atención el siguiente relato. Después cambia el narrador a la primera persona gramatical. Recuerda que debes hacer algunas modificaciones lógicas. Escribe con cuidado y revisa bien tu trabajo antes de pasarlo en limpio.

Hace un año Carlos solamente tenía una inquietud: mejorar su promedio y estudiar muy bien inglés. Un amigo le dijo que si obtenía las mejores calificaciones en esa materia, formaría parte del grupo que enviaban cada año para el intercambio cultural a una ciudad de los Estados Unidos, en donde viviría con una familia de ese país. La inquietud casi se había convertido en obsesión. Ya tenía todo listo. De la mensualidad que su padre le daba ahorraba lo más posible para su viaje. Así lo habían acordado, ya que su familia no contaba con los medios económicos para enviarlo a estudiar al extranjero. Carlos hizo un enorme esfuerzo para ganar esa beca; estudió con tal constancia y disciplina que logró su objetivo y se fue a pasar el verano a la ciudad de Buffalo, cerca de Canadá. Sus padres lo despidieron con más orgullo que tristeza por el logro tan grande que había obtenido gracias a sus propios méritos.

Puedes empezar así tu trabajo.

EJEMPLO:

Me llamo Carlos. Hace un año sólo tenía yo una inquietud: mejorar mi promedio y estudiar muy bien inglés.

C Cambia el narrador de la primera a la tercera persona. Cuida las modificaciones.

"Ni modo", pensé. Debía cumplir con la horrible obligación: pintar la barda de mi casa. Si quería que la fachada estuviera presentable para que mis amigos vinieran el día de mi cumpleaños, tenía que hacerlo. De otra manera, no me permitirían festejar nada. Así que tomé una brocha y me puse a trabajar con entusiasmo. Pero la energía no me duró mucho porque al poco rato me dio flojera seguir pintando.

Oí la voz de mi mamá que nos llamaba a comer. Solté la brocha y corrí a lavarme las manos y a ocupar mi lugar en la mesa. Empezamos a comer. Observé que mi papá parecía preocupado y vi a mi mamá que iba y venía a la cocina. En ese momento, no sé por qué, me di cuenta de lo absurdamente cómoda que era mi posición en la casa. Tenía quince años, contaba con mis padres para todo, no trabajaba, sólo iba a la escuela; salíamos de vacaciones cada año, y mi mamá siempre estaba pendiente de lo que necesitábamos. Guardé silencio unos instantes, miré a mis padres y a mi hermana y dije convencido y con alegría: ¡Voy a darle una segunda mano a la barda!

D Escribe una narración en primera persona con alguno de los temas que se dan u otro de tu preferencia.

ATENCIÓN:

> Para trabajar los ejercicios D y E necesitas hacer tu esquema de redacción de párrafos.

TEMAS: La fiesta de una compañera del salón.
La remodelación de tu secundaria.
¿Qué sentí el día del eclipse?

- Cambia tu narración a la tercera persona.

E Escribe una narración en tercera persona.

TEMAS: Un accidente en bicicleta.
La fiesta de aniversario de los abuelos.
Un incendio en un supermercado.

- Cambia tu narración a primera persona.

F Seguimos jugando al narrador. Esta vez cambiaremos el tiempo verbal. Lee el siguiente texto.

Cuando el despertador sonó en la mañana, Marcela se vistió más rápidamente que de costumbre. Le extrañó no oír el ruido que su mamá hacía todos los días al preparar el desayuno. Se asomó por la ventana y vio la calle muy vacía. Ya debía estar abajo el coche del papá de Rosario para llevarlas a la escuela. Marcela no entendía qué pasaba. Era la única que estaba levantada en su casa. Se siguió arreglando y mientras se peinaba apareció la mamá muy irritada. Le preguntó por qué hacía tanto ruido a las siete de las mañana de un sábado. En ese momento Marcela comprendió que se había confundido. La rutina se había apoderado de ella. Le pidió disculpas a su mamá por haberla despertado, se quitó el uniforme y se acomodó tranquilamente en su cama para seguir durmiendo.

- ¿En qué tiempo está narrado el texto? Tienes razón. En pasado.

G Cambia el relato anterior al tiempo presente, haciendo todos los cambios necesarios.

Puedes iniciar de la siguiente manera:

Cuando el despertador suena en la mañana, Marcela se viste más rápidamente que de costumbre...

Usos de X

Observa las siguientes palabras. Todas tienen algo en común.

excusa   **ex**tenso   **ex**pectativa
     exceso   **ex**terno

> Claro, todas empiezan con _____ y se escriben con _____ .
> Entonces podemos decir que la partícula **ex** se escribe con **x**.

A Busca el significado de la partícula **ex** y escríbelo.

_____

_____

_____

_____

B Busca palabras de la misma familia. Usa tu diccionario.

Ejemplo:
exportar   exportación   exportador

exigir	_____	_____
extender	_____	_____
explorar	_____	_____
extrañar	_____	_____
explotar	_____	_____
exentar	_____	_____
explicar	_____	_____
extremar	_____	_____
excavar	_____	_____
examinar	_____	_____

C Con las palabras del ejercicio anterior completa las oraciones.

1. La _____ de un pozo petrolero requiere de personal muy capacitado.

2. La _____ que nos dieron no me convenció.

3. Los alumnos de tercero se fueron a _____ unas grutas.

4. Es indudable que la ciudad de México no se puede _____ _____ más.

5. Ahora que se van a vivir a Oaxaca los voy a _____ mucho.

6. Debido a la epidemia de hepatitis los van a _____ a todos.

7. Los campesinos deben _____ sus derechos.

8. Deben _____ las precauciones.

9. Tantas _____ han provocado daños en el subsuelo.

10. Creo que voy a _____ Español.

RECUERDA:

> La partícula **extra** que se antepone a algunas palabras significa fuera de y se escribe con **x**.

D Escribe dos veces las siguientes palabras, anteponiendo la partícula **extra**.

terrestre _____   _____

ordinario _____   _____

territorial _____   _____

muros _____   _____

grande _____   _____

limitarse _____   _____

• Practica siempre las palabras en tu cuaderno.

E Busca el significado de las palabras y escríbelo. Usa tu diccionario.

extracción _____

_____

extradición _____

_____

extraplano _____

_____

extrarradio _____

_____

extravagancia _____

_____

- Busca en el diccionario otras palabras que empiecen con **extra**. Escribe dos veces cada una.

- Busca en el diccionario otras palabras que empiecen con **extra**. Escribe dos veces cada una.

- Busca también otras palabras que lleven **x**.

_____

_____

_____

_____

_____

_____

_____

32 La narración

En esta lección te vas a convertir ya en un narrador completo. Puesto que ya ejercitaste con frases y textos breves o relatos previamente elaborados, ahora tú vas a narrar toda la historia. Sólo te daremos las ideas generales y algunas frases que sugieren un bloque de ideas para que formes tus párrafos.

EJEMPLO:

Mi cambio de casa.

Lo primero que debemos hacer es anotar la idea global, ¿recuerdas? Consulta tu esquema en las lecciones anteriores.

EJEMPLO:

IDEA GLOBAL

Tu familia tuvo que cambiarse de casa porque tu papá fue trasladado a otra oficina. Tú ayudaste en la mudanza, en la limpieza y en la colocación de los muebles. Después saliste a dar una vuelta alrededor de tu nueva casa y...

ESTRUCTURA (Ideas generales).

1. **PRESENTACIÓN**: Situación de los personajes y del relato.
2. **DESARROLLO**: Diversas acciones y situaciones que van a culminar en el:
3. **NUDO**: Momento climático del relato, presentación del conflicto.
4. **DESENLACE**: Solución del conflicto o nudo y conclusión del relato.

RECUERDA:

> • Idea general = párrafo.
> • Bloque de ideas = idea principal + ideas secundarias o complementarias.

PÁRRAFO 1 (3 bloques de ideas). Situar el relato y los personajes.

Hace seis meses mi papá nos dio la noticia a la hora de la cena. Nos cambiaríamos de casa en una semana. Mi mamá, mis hermanos y yo nos quedamos muy sorprendidos y preguntamos al mismo tiempo: ¿Por qué?

PÁRRAFO 2 (2 bloques de ideas). Explicación de las causas. Narración de acciones donde participan los personajes.

Mi papá nos pidió que nos calmáramos y nos explicó que la oficina donde trabaja abriría una sucursal en el sur de la ciudad, y que lo habían enviado para allá. Preguntamos si debíamos cambiar de escuela y mi papá, que piensa en todo, otra vez nos pidió calma.

PÁRRAFO 3 (4 bloques de ideas). Se lleva a cabo la mudanza.

El fin de semana siguiente a la noticia de papá ya íbamos detrás de la mudanza que llevaba nuestras pertenencias. Al llegar a la nueva casa desempacamos y acomodamos la mayoría de los muebles. Como era sábado, me dieron permiso de salir a recorrer la colonia. El lunes conocería mi nueva escuela.

A Agrégales nuevas ideas a los párrafos que ya tienes. Escribe después las partes correspondientes al nudo y al desenlace. Reescribe toda la historia, señalando las partes de su estructura.

B Escribe un texto narrativo a partir del tema y la idea global que se te dan.

TEMA: Mi primer noviazgo.

IDEA GLOBAL: Tus papás y tus amigos te hicieron una fiesta de cumpleaños; ahí conociste a una persona que te interesó mucho. Se hicieron novios. Mantuvieron esa relación durante un tiempo, luego un hecho provocó la ruptura del noviazgo. Al final, te sentiste mejor, como liberado de algo.

Elabora tu relato como en el ejemplo.

ESTRUCTURA (ideas generales).

1. **PRESENTACIÓN.**

2. **DESARROLLO.**

3. **NUDO.**

4. **DESENLACE.**

LECCIÓN

33 Sílabas y diptongos

OBSERVA:

luz	cua - der - no
pe - rro	bi - ci - cle - ta

RECUERDA:

> Una sílaba está formada por una o varias letras que se pronuncian en una sola emisión de voz.

A Separa en sílabas las siguientes palabras.

muñeca	en
amigos	tengo
estufa	cabaña
paz	abrigo
hospital	soy
montaña	gusano
corredor	bolsa
para	rosa
avenida	libro
universidad	coma

En las palabras anteriores habrás notado que en todas las sílabas hay por lo menos una vocal acompañada de una o varias consonantes. Una vocal puede formar una sílaba, pero una consonante no. Para pronunciar una consonante, ésta debe ir acompañada de una vocal por lo menos.

RECUERDA:

Las palabras formadas por **una sola sílaba** se llaman **monosílabas**; por **dos sílabas**, **bisílabas**; por **tres**, **trisílabas**, y por **más sílabas, polisílabas**.

B Clasifica las siguientes palabras, según su división silábica. Usa la inicial correspondiente: m, b, t, p.

Ejemplo: (b)   rojo   ro - jo

(   ) Esteban _____   (   ) helicóptero _____

(   ) ganso _____   (   ) alfombra _____

(   ) fortaleza _____   (   ) estrella _____

(   ) tu _____   (   ) por _____

(   ) mercado _____   (   ) España _____

(   ) mío _____   (   ) coche _____

(   ) armadillo _____   (   ) gas _____

(   ) cuando _____   (   ) Carolina _____

(   ) luz _____   (   ) en _____

(   ) cine _____   (   ) ambulancia _____

(   ) sí _____   (   ) tasa _____

(   ) gaviota _____   (   ) carreta _____

(   ) autopista _____   (   ) retrato _____

(   ) regla _____   (   ) ferrocarril _____

(   ) mar _____   (   ) no _____

(   ) sopa _____   (   ) bombero _____

(   ) paz _____   (   ) Instituto _____

(   ) alumbrado _____   (   ) Laura _____

(   ) libro _____   (   ) cirugía _____

(   ) yo _____   (   ) Santiago _____

C Escribe las palabras del ejercicio anterior según corresponda.

monosílabas (1)	*bisílabas* (2)	*trisílabas* (3)	*polisílabas* (4 o más)
_____	_____	_____	_____
_____	_____	_____	_____
_____	_____	_____	_____
_____	_____	_____	_____
_____	_____	_____	_____
_____	_____	_____	_____
_____	_____	_____	_____
_____	_____	_____	_____
_____	_____	_____	_____

OBSERVA:

San - **tia** - go   ci - ru - gí - a
(diptongo)   (no hay diptongo)

RECUERDA:

> Un diptongo es la unión de una **vocal fuerte** (a, e, o) con una **vocal débil** (i, u) siempre y cuando el acento no recaiga ni en la **i** ni en la **u**.

No olvides que un diptongo es la unión de una vocal débil con una fuerte y que éste se rompe si la vocal débil va acentuada.

D Escribe tres palabras usando los diptongos que se dan.

(ia) _____ _____ _____

(ie) _____ _____ _____

(io) _____ _____ _____

(ua) _____ _____ _____

(ue) _____ _____ _____

(uo) _____ _____ _____

(ai) _____ _____ _____

(au) _____ _____ _____

(ei) _____ _____ _____

(eu) _____ _____ _____

(oi) _____ _____ _____

OBSERVA:

cui - da - do   **ciu** - dad

RECUERDA:

También forma diptongo la unión de dos vocales débiles.

E Escribe tres palabras utilizando los diptongos del paréntesis.

(ui) _____ _____ _____

(iu) _____ _____ _____

Escribe en tu cuaderno las palabras de los ejercicios D y E.

OBSERVA:

tí - a	a - ú - lla	vi - ví - a
ve - ní - a	te - ní - a	

¿Notaste qué tienen en común estas palabras?

Claro, la vocal débil que está acentuada forma sílaba aparte.

F Divide en sílabas las siguientes palabras.

María _____	continúo _____
piromanía _____	geología _____
reditúa _____	baúl _____
aún _____	día _____
tío _____	cirugía _____

• Escribe varias veces las palabras anteriores.

OBSERVA:

fe - o	ro - e	ma - re - a

RECUERDA:

> También la unión de dos vocales fuertes forma sílabas separadas.

G Divide en sílabas las siguientes palabras.

reo _____	pelea _____
oasis _____	leo _____
feo _____	correo _____
aéreo _____	reata _____
correa _____	mareo _____

OBSERVA:

buhar - dilla   **ahi** - ja - do

RECUERDA:

Cuando hay una **h** intermedia entre dos vocales que forman diptongo, no se toma en cuenta para la división silábica.

H Escribe tres veces las siguientes palabras. Después divídelas en sílabas.

zanahoria		ahulado	
alcohol		deshauciar	
buhonero		almohada	
ahumar		cohibir	
búho		bahía	
desahogado		ahorcarse	

La descripción

A diferencia de la narración que cuenta sucesos y los ordena en el tiempo, la descripción sitúa los objetos y los seres dentro de un espacio determinado para que podamos observarlos, analizarlos, estudiarlos o recrearnos en ellos. Describir en literatura es como pintar: dar forma y color; añadir características al objeto descrito.

¿Qué se puede describir? La respuesta es: **todo**. Sí. Basta que plantees las preguntas ¿cómo es?, ¿cómo fue? o ¿cómo desearías que fuera algo? para que tu respuesta se transforme en una descripción.

OBSERVA:

El paisaje es **negro**, **desolado** y **estéril**; un paisaje de pesadilla de noche **calenturienta**; y el aire **espeso**, vibra como un nervio **dolorido**.

PÍO BAROJA

Una casa campesina **destartalada** y **pobre**.

J. J. ARREOLA

Era una mujer **hermosísima**, pero **extraña**. Tenía unos **maravillosos** ojos **verdes** como el agua de una laguna, que en la noche brillaban y despedían fulgores **felinos**.

Tú estás familiarizado ya con la clase de palabras a la que pertenecen las que están en negritas. Sí, son adjetivos, modificadores del sustantivo, que sirven para señalar características, cualidades y defectos de una persona o de un objeto.

RECUERDA:

Describir es representar, pintar con palabras, fotografiar por medio del lenguaje.

Para lograr producir una descripción completa y clara nuestros sentidos son importantes.

FÍJATE:

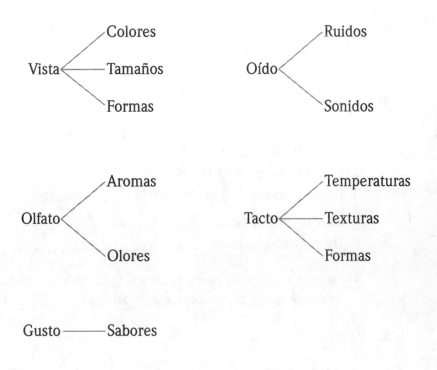

A   Describe los siguientes objetos con colores, tamaños o formas. Usa tres adjetivos.

Ejemplo: Un gis es redondo, blanco y largo.

1. Un lápiz es _____

2. El mar es _____

3. Tus ojos son _____

4. Un pino es _____

5. El pelo de tu novio(a) es _____

- En ocasiones, al describir el color de un objeto, sentimos que los nombres de los colores resultan limitados o poco expresivos. En ese caso podemos matizarlos.

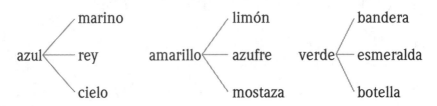

B Matiza los siguientes colores.

1. En un día de otoño, el cielo es azul _____ .
2. El uniforme de un soldado es verde _____ .
3. Los girasoles son amarillo _____ .
4. Un rubí es rojo _____ .
5. Un pizarrón es verde _____ .

- A través del oído percibimos los sonidos y los ruidos. Éstos también los describimos con adjetivos.

C Completa con dos adjetivos.

Ejemplo: El sonido de una sirena es estridente y repetitivo.

1. El timbre del teléfono es _____ y _____
2. Un claxon es _____ y _____
3. El zumbido del insecto es _____ y _____
4. Un portazo es _____ y _____
5. La voz de un maestro enojado es _____ y _____

- El olfato y el gusto son dos sentidos muy relacionados, y lo que percibimos con ellos (aromas, olores, sabores, etc.) también lo describimos con adjetivos.

EJEMPLO:
El aroma de un perfume puede ser dulce y floral.
Una comida puede ser sabrosa, salada, picante, etc.

D Completa con adjetivos.

1. El olor de un patio recién regado es_____ y_____

2. Un bosque al amanecer es_____ y _____

3. El sabor de un helado de chocolate es_____ y _____

4. El sabor de la salsa catsup es _____ y _____

5. El aroma de las rosas es _____ y _____

• Finalmente, mediante el tacto, podemos describir la temperatura, la textura y la forma de los objetos.

E Describe con adjetivos.

EJEMPLO: Un cubo de hielo es frío, cuadrado, húmedo.

1. Una pelota de goma es_____, _____,
   _____ .

2. Un disco compacto es _____, _____,
   _____ .

3. Un durazno es _____, _____,
   _____ .

4. Un rollo de algodón es_____, _____,
   _____ .

5. Un hierro para marcar es _____, _____,
   _____ .

• En los ejercicios anteriores describiste sabores, olores, sonidos, colores y temperaturas por separado; ahora vamos a combinar unos sentidos con otros para enriquecer nuestras descripciones.

El blanco es un color frío y claro.
        (tacto)   (vista)

F   Describe empleando sinestesias.

Ejemplo: Su voz sonaba dulce y melodiosa.
                (sabor)   (sonido)

1. La mirada de un ser querido _____

2. Las manos de un niño pequeño _____

3. Tu canción favorita _____

4. Tu platillo preferido _____

5. El perfume que usas _____

G   Escribe la descripción de un objeto que te interese o guste mucho. Escribe también la de uno que te desagrade o moleste. Recuerda que debes usar tus cinco sentidos. Trata de ser muy creativo y de emplear toda tu imaginación.

_____

_____

_____

_____

_____

_____

_____

_____

_____

_____

_____

_____

_____

LECCIÓN

35 El acento

Tú ya sabes que las palabras se dividen en cuatro grupos de acuerdo con su acento.

• **Agudas**	Llevan el acento en la **última sílaba**.
• **Graves**	En la **penúltima**.
• **Esdrújulas**	En la **antepenúltima**.
• **Sobresdrújulas**	En una sílaba **anterior a la antepenúltima**.

No olvides que contamos las sílabas de derecha a izquierda.

		aguda	li	món	
	grave	ar	cán	gel	
esdrújula	te	lé	fo	no	
sobresdrújula	en	cár	ga	se	lo

Recuerda que el **acento ortográfico o escrito** es el que **escribimos** y que el que sólo **pronunciamos** se llama **acento prosódico**.

OBSERVA:

café   camión   después

RECUERDA:

Llevan **acento escrito** las palabras **agudas** que terminan en **n, s** o **vocal**.

169

A Subraya las palabras agudas que encuentres a continuación.

autobús	tela	muñeca	español	anís
callejón	también	gráfico	televisión	lápiz
brazo	palabra	papel	café	después
avión	ángel	bebió	difícil	visita
trébol	arder	describió	montaña	león
salón	salió	camión	quizá	sílaba

B Escribe las palabras agudas que encontraste.

_____   _____   _____
_____   _____   _____
_____   _____   _____
_____   _____   _____
_____   _____   _____

OBSERVA:

ángel   **lá**piz   **fá**cil

¿Notaste qué tienen en común? Claro, son palabras graves que llevan acento gráfico.

RECUERDA:

Llevan **acento escrito** las palabras **graves** que terminan en **consonante** que no sea ni **n** ni **s.**

C Agrega el acento en las palabras que lo necesiten.

martir	almibar	pila
examen	dificil	grave
buho	esteril	carcel
azucar	tesis	oleo
arbol	Carmen	tamaño
forma	oido	versatil
cancer	plata	util
crisis	casa	carne
agil	ambar	marmol

D Escribe las palabras graves que llevan acento gráfico.

_____   _____   _____
_____   _____   _____
_____   _____   _____
_____   _____   _____

E Organiza las palabras en agudas y graves y escríbelas en el cuadro de la página siguiente. Sepáralas según su tipo de acento.

quizás	mantel	lombriz	quinqué
usted	frágil	marqués	huésped
gratis	crisis	origen	hambre
álbum	azúcar	mástil	arroz
tambor	motor	virgen	portátil
pared	bisturí	camión	reunión
después	clavel	dosis	pastel
imagen	espejo	jabalí	revólver
Gómez	carácter	también	examen

agudas		graves	
acento gráfico	acento prosódico	acento gráfico	acento prosódico

OBSERVA:

es**drú**jula   mur**cié**lago   encar**gán**doselo

RECUERDA:

> Todas las palabras **esdrújulas** y **sobres-drújulas** llevan **acento gráfico.**

F Coloca el acento en las siguientes palabras. Recuerda que las sílabas las contamos de derecha a izquierda.

camara	encargandoselas	analisis
Angelica	principe	vibora
maquina	Monica	cantaro
pajaro	tramite	examenes
telefono	enviandotelo	Veronica

G Escribe otra vez las palabras.

H Clasifica las siguientes palabras de acuerdo con su acento. Utiliza la inicial correspondiente: a, g, e, s.

Ejemplo:

(g)   ángel

( ) fácil   ( ) hipótesis
( ) revés   ( ) cómico
( ) teléfono   ( ) dígamelo
( ) revólver   ( ) sillón
( ) pídesela   ( ) azúcar
( ) lección   ( ) último
( ) entréganoslo   ( ) almíbar
( ) compás   ( ) ágil
( ) lápiz   ( ) águila
( ) enviándotelo   ( ) encárgaselo

• Vuelve a escribir las palabras. Recuerda que esto es útil para aprenderlas.

Vamos a formar plurales.

OBSERVA:

canción - canciones   túnel - túneles

volumen - volúmenes

FÍJATE:

• Si cambiamos al plural una palabra aguda acentuada, como **canción**, en el plural pierde el acento escrito, porque se vuelve **grave** terminada en **s: canciones.**

• En cambio, si volvemos plural una grave acentuada, como **túnel**, el acento se conserva porque se vuelve **esdrújula: túneles.** Ya sabemos que se acentúan todas las palabras esdrújulas.

• Ahora, si cambiamos al plural una grave no acentuada, como **volumen**, en el plural, como se vuelve **esdrújula**, sí lleva acento escrito: **volúmenes.**

I   Cambia al plural. Pon atención en los acentos.

camaleón	_____	álbum	_____
imagen	_____	inglés	_____
lápiz	_____	margen	_____
examen	_____	dátil	_____
alacrán	_____	adiós	_____
origen	_____	joven	_____
trébol	_____	crimen	_____
jabón	_____	huésped	_____

• Escribe varias veces todas las palabras.

J   Agrega los acentos que se omitieron en el fragmento siguiente.

El castillo, en realidad, era inmenso y sombrío. Pero a pleno día, con el estomago lleno y el corazon contento, el relato de Miguel no podía parecer sino una broma como tantas otras suyas para entretener a sus invitados. Los ochenta y dos cuartos que recorrimos sin asombro despues de la siesta, habían padecido toda clase de mudanzas de sus dueños sucesivos. Miguel había restaurado por completo la planta baja y se había hecho construir un dormitorio moderno con suelos de marmol e instalaciones para sauna y cultura fisica, y la terraza de flores intensas donde habíamos almorzado. La segunda planta, que había sido la más usada en el curso de los siglos, era una sucesion de cuartos sin ningun caracter, con muebles de diferentes epocas abandonados a su suerte. Pero en la ultima se conservaba una habitacion intacta por donde el tiempo se había olvidado de pasar. Era el dormitorio de Ludovico.

Fue un instante magico. Alli estaba la cama de cortinas bordadas con hilos de oro...

GABRIEL GARCÍA MÁRQUEZ,
"Espantos de agosto".

K   Comenta en forma oral con tus compañeros de equipo y tu maestro el empleo que hace García Márquez de los signos de puntuación.

La descripción

No sólo describimos usando adjetivos. Se pueden emplear también frases como las que utilizamos ya en tu texto de primer grado y en el repaso de este año.

Para describir con frases sólo tienes que pensar en aquella imagen o situación que tenga las características propias o cercanas al objeto que deseamos "retratar" con palabras.

RECUERDA:

> La observación es sumamente importante para hacer una descripción.

EJEMPLO:

Una fiesta **de locura.**

La frase en negritas correspondería al adjetivo "excelente".

Una nube **sin mancha.**

La frase indica que la nube es blanca.

A Describe los siguientes objetos con cinco adjetivos.

_____

_____

_____

_____

_____

B Las descripciones anteriores se han llevado a cabo en dos formas, con imágenes y con palabras. Explica cuál de ellas te parece más expresiva.

C Describe con un adjetivo y una frase.

Ejemplo:
Los uniformes de la escolta quedaron impecables, de concurso.

1. Tu juego de geometría _____

2. El libro de español _____

3. Tu bicicleta _____

4. La calle donde vives _____

5. La tienda de la esquina _____

6. Tu secundaria _____

- Las descripciones también se pueden enriquecer si agregamos comparaciones.

D Agrega una comparación.

EJEMPLO:

El pasillo estaba tan negro como la noche.
Se sentía suave como el algodón.

1. Sus ojos azules parecían_____

2. El tapiz se ve como si fuera _____

3. Sus manos son grandes, parecen _____

4. La calle está inundada como _____

5. Ese videojuego es tan divertido como_____

6. El cristal es transparente, parece _____

7. Hay naranjas tan ácidas como _____

8. El jardín tiene un aroma fresco, como si fuera _____

F Describe las siguientes imágenes con adjetivos, frases y/o comparaciones. Toma muy en cuenta la precisión de las palabras.

_____   _____

_____   _____

_____   _____

_____   _____

_____   _____

37 Uso de mayúsculas

El uso de las **mayúsculas** es importante. Para poder escribir bien necesitamos saber cuándo se deben usar y cuándo no.

- Lee con atención las siguientes oraciones.

El perro de Juan se llama Campeón.

Roma es la capital de Italia.

El Presidente recibió a su Santidad.

El río Bravo está al norte de México.

Muy rara vez se puede ver la Osa Mayor.

Me gustan las películas de Mario Moreno, "Cantinflas".

RECUERDA:

Se usa **mayúscula:**
- Al inicio de un escrito.
- Después de punto.
- En nombres propios de personas y apodos, nombres de animales, ciudades, constelaciones, ríos, mares y montañas.
- En títulos de autoridades y dignidades.

A Lee atentamente las palabras y colócalas en su lugar.

Gabriela	Roberto	Sumo Pontífice
Adolfo López Mateos	Cinturón de Orión	El Muelas
Madrid	Arzobispo	Miguel De la Madrid
Mediterráneo	Donald	Adolfo
Osa Mayor	La Negra	C. Senador de la República
París	Alvin	Capricornio
Lisboa	El Caimán	Mar del Plata
Golfo de México	Manuel Ávila	Superman
Raúl	Camacho	Osa Menor
El Tuerto	Batman	Ana
Su Santidad	Excelentísimo Señor	Francisco I. Madero
Géminis	Embajador	Porfirio Díaz
Londres	Berlín	La Coneja
Caribe	Chapulín Colorado	Mar Negro

Nombres propios de personas

Capitales de Europa

Presidentes de México

Apodos

Constelaciones

Mares

Personajes de televisión   Dignidades

_____   _____

_____   _____

_____   _____

_____   _____

OBSERVA:

La vuelta al mundo en 80 días es un libro interesante.

La revista *Vuelta* es una publicación seria.

"Sopa de caracol" es una canción pegajosa.

"Lo que el viento se llevó" es una película muy buena.

RECUERDA:

Empleamos **mayúsculas** en la primera letra de los nombres de canciones, películas, libros y revistas.

B Escribe.

Canciones de moda   Revistas

_____   _____

_____   _____

_____   _____

_____   _____

Películas mexicanas   Libros que hayas leído

_____   _____

_____   _____

_____   _____

C Escribe lo que se te solicita.

1. Tres capitales de América.

_____, _____ y _____.

2. Dos cordilleras del mundo.

_____ y _____.

3. Cinco países de América.

_____, _____, _____,

_____ y _____.

4. En Brasil está el río _____.

5. Dos volcanes de México.

_____ y _____.

6. Su Santidad es _____.

7. Tres periódicos.

_____, _____ y _____.

8. El libro que más te gustó.

_____.

D Escribe los sobrenombres o apodos.

Ejemplo:

Cervantes "El manco de Lepanto"

Felipe el Hermoso

Isabel la _____   Benito Juárez _____

Mario Moreno _____   Chucho _____

Juana la _____   Miguel Hidalgo _____

OBSERVA:

Universidad Nacional Autónoma de México
Banco de Comercio Exterior
Supremo Juez
Senador de la República

RECUERDA:

> Se escriben con **mayúscula** las iniciales de las palabras que expresan cargos importantes y nombres de instituciones.

E Escribe correctamente.

secretaría de educación pública _____

banco nacional de méxico _____

compañía de luz y fuerza del centro _____

señor presidente de la república _____

suprema corte de justicia _____

instituto nacional de bellas artes _____

universidad autónoma metropolitana _____

congreso de la unión _____

instituto nacional de antropología e historia _____

departamento del distrito federal _____

F Escribe el nombre de la obra y del autor de algunos de tus libros de texto.

_____

_____

_____

_____

_____

_____

38 Descripción de lugares

En esta lección vamos a trabajar la descripción locativa, puesto que es muy necesario situar una narración en el lugar preciso, para que el lector pueda "ver" y recrear cada detalle de lo que lee. Esto sólo se logra con orden, claridad y precisión.

- Lee atentamente:

En el comedor de la casa de Edith hay un aparador de nogal con copas, figuras de porcelana y de plata; una mesa puesta con un mantel blanco y un frutero en el centro. Encima hay una lámpara giratoria con cuatro luces. La pared está decorada con algunos cuadros medianos.

La habitación tiene un ventanal cubierto con unas cortinas floreadas. Es Nochebuena. Las doce de la noche. En la calle se desborda la alegría del mes de diciembre.

- Ya te diste cuenta de que el lugar descrito es una habitación que todos conocemos, ¿verdad? Así es: el comedor.

Advierte que en la descripción anterior van apareciendo los objetos en un cierto orden, podemos casi ver la forma en que el escritor va moviendo los ojos de un objeto a otro. Es decir, parte de un punto en particular y, siguiendo un orden, va observando los objetos que hay en el lugar que le interesa "pintar" con sus palabras.

La descripción dentro de una narración es muy importante: le da un marco a la acción, nos muestra el lugar donde la acción ocurre. Esto puede contribuir a darnos una atmósfera que complemente la narración.

A Localiza una o varias descripciones en algún cuento de tu libro de lectura y explica de qué manera despiertan la imaginación del lector y hacen más interesante la historia que se narra.

- ¿Crees que las descripciones comprometen más al lector con la historia que se cuenta? Discute esto ampliamente.
- ¿Piensas que las descripciones contribuyen a que la lectura sea más completa y viva? Fundamenta tu opinión.

B Elabora las descripciones directas de los siguientes lugares. Parte de un punto importante para ti.

1. Tú salon de clases.

_____

_____

_____

_____

_____

2. La sala de la casa de un amigo.

_____

_____

_____

_____

_____

3. La cancha donde practicas tu deporte favorito.

_____

_____

_____

_____

_____

• Describimos ahora lugares que no conocemos físicamente, pero que hemos visto en el cine, fotografías, dibujos, etc., o hemos imaginado. Empleamos el mismo procedimiento: partimos de un punto concreto y vamos desplazando la atención a los objetos contiguos.

Fíjate en el ejemplo:

El despacho del Lic. Almanza tiene un amplio librero; frente a éste se encuentra un escritorio moderno compuesto por dos bustos de cantera y un grueso cristal; la silla es giratoria y hace juego con el estilo del escritorio. En las esquinas derecha e izquierda están el teléfono y un cesto para papeles, respectivamente.

C Describe el contenido de las ilustraciones.

_____
_____
_____
_____
_____
_____
_____
_____

_____
_____
_____
_____
_____
_____
_____
_____

- Hay otra forma de describir lugares, la descripción dinámica, que se diferencia de las dos anteriores porque en ella los objetos no permanecen estáticos; "viven" de alguna manera, se "mueven". Observa el ejemplo siguiente:

Desde la popa de uno de los buques de poco calado que pueden acercar a Campeche, la ciudad mural parece una paloma marina echada sobre las costas con las alas tendidas al pie de las palmeras. Allí no hay rocas ni costas escarpadas; el viajero extraña cómo el mar tranquilo de aquella bahía, que tiene por fondo una larga y suavísima pendiente, se ha detenido en el borde de aquella playa que parece no presentarle más obstáculo que la movible y parda cintura de algas que el agua deposita lentamente en sus riberas.

Justo Sierra,
La sirena.

¿Notas la diferencia? ¿Te fijas en las palabras que usó el escritor para darle "vida" a la descripción? Son las mismas con las que ya practicaste en lecciones anteriores, y así como le sirvieron al autor del fragmento, a ti te van a servir para escribir tus propias descripciones dinámicas.

RECUERDA:

> Cuando describimos un lugar en movimiento se dice que la **descripción** es dinámica o cinematográfica.

D Describe en forma dinámica.

1. La calle donde vives.

_____

_____

_____

_____

_____

_____

2. El último lugar al que fuiste de paseo, de excursión o de vacaciones. Puede ser la plaza de un pueblito, un paisaje, un museo, un mercado, etc.

_____

_____

_____

_____

_____

_____

E Lee con cuidado la siguiente descripción. Intenta imaginar todos los detalles de los lugares descritos.

La casa era vieja, muy vieja. Su revoque amarillo estaba desconchado y enmohecido. Las persianas habían perdido el alegre y luminoso verde que ostentaran un día. Delante del pórtico, sobre el que se abría el único balcón de la casa, se extendía una terraza enlosada y plantada de mirtos muy espesos, descuidados y polvorientos. Crecían hierbecillas en las junturas de la losas. El comedor ocupaba media planta baja, con ventanas a tres fachadas de la casa. Por una de ellas se contemplaba el sendero con arcos metálicos en los que unos rosales trepadores se habían secado tiempo hacía. Era un senderito conmovedor, propio para que alguien llegase a hacernos confidencias sobre un amor antiguo, o a darnos una noticia buena y triste a la vez.

JOSÉ LUIS SAMPEDRO,
La sombra de los días.

• ¿Qué sensaciones nos deja esta descripción: suciedad, alegría, melancolía, tristeza, nostalgia...? Explica tu respuesta.

• ¿Consideras que la descripción le añade algo a la historia que se está contando? ¿Qué?

• Copia la descripción de Sampedro. Agrupa las palabras que consideres que dan la atmósfera deseada. A continuación, escribe tu propia descripción, tratando de imitar la del autor.

Acentos, mayúsculas y signos de puntuación

Coloca los acentos, mayúsculas y signos de puntuación que se te soliciten.

Recuerda que en muchas ocasiones la puntuación es cuestión de estilo. Cuando trabajes estos textos cambia impresiones con tus compañeros, explica la razón por la cual elegiste uno u otro signo. No consideres como un error tu elección, puede tratarse de tu estilo personal.

No obstante, es conveniente observar y reflexionar sobre el empleo de los signos de puntuación de los escritores, así como atender las reglas que te proponen los manuales y gramáticas.

Escila

17 acentos
18 mayúsculas

Antes de ser monstruo y un remolino, escila era una ninfa, de quien se enamoró el dios glauco. este busco el socorro de circe, cuyo conocimiento de hierbas y de magias era famoso. circe se prendo de el, pero como glauco no olvidaba a escila, enveneno las aguas de la fuente en que aquella solia bañarse. al primer contacto con el agua, la parte inferior del cuerpo de escila se convirtio en perros que ladraban. doce pies la sostenian y se hallo provista de seis cabezas, cada una con tres filas de dientes. esta metamorfosis la aterro y se arrojo al estrecho que separa italia de sicilia. los dioses la convirtieron en roca. durante las tempestades, los navegantes oyen aun el rugido de las olas contra la roca.

esta fabula esta en las paginas de homero, de ovidio y de pausanias.

JORGE LUIS BORGES,
Manual de Zoología Fantástica.

Ex loco

4 puntos
4 mayúsculas
3 acentos

... ya conoce usted la historia del hombre que creia tener encerrada en una botella a la princesa de la china era una locura le curaron de ella pero desde el momento en que dejo de estar loco se volvio tonto

MARCEL PROUST
en *El libro de la imaginación*.

8 acentos
7 mayúsculas
11 comas

como todas las ciudades del mundo provincianas o no montevideo tiene mala conciencia de su vivir y de su morir y quiza por eso no suele enseñar a los turistas sus cinturones de indigencia. sin embargo a los extranjeros y especialmente a los españoles les gusta montevideo. a mi tambien. lo cierto es que en esta ciudad hay menos urgencias y menos *stress* que en las otras capitales de la franja atlantica. su costa sureña abundante en playas y su estilo de vida que asume sin conflicto la cercania del projimo la hacen todavia a pesar del legado de mezquindad que dejo la dictadura una ciudad disfrutable y luminosa.

MARIO BENEDETTI, *Andamios*.

1 dos puntos
6 guiones largos

En verdad os digo muchas de las cosas que Rosario Ferrer dijo o creyó decir y sintió o creyó sentir, vio o creyó ver ese día, no son ciertas. Más tarde, se despertó cansada y hubiera podido alarmarse de su sueño y de su desnudez si yo no supiera que sonrió complacida y que se vistió lentamente.

JUAN VICENTE MELO, *La rueca de Onfalia*.

Casi

7 guiones largos
2 signos de admiración
1 dos puntos

Odio este caótico siglo XX en que nos toca vivir exclamó Raimundo. Ahora mismo mando todo al diablo y me voy al católico siglo XIII.

Ah, es que ya no me quieres se quejó Jacinta. ¿Y yo, y yo qué hago? ¿Me vas a dejar aquí, sola?

Raimundo reflexionó un momento, y después contestó

Sí, es cierto. No puedo dejarte. Bueno, no llores mas. Uff Basta. Me quedo. ¿No te digo que me quedo, sonsa?

Y se quedó.

ENRIQUE ANDERSON IMBERT,
en *El libro de la imaginación*.

2 guiones largos   4 punto y seguido   3 mayúsculas

Isabel ya se había hartado de escuchar elogios sobre su hijo que la gente lo quisiera tanto sólo aumentaba las preocupaciones de su madre cuando un día la visitó el maestro y le dijo que había una persona dispuesta a costear los estudios de Augusto en la ciudad ella se entrevistó con el vecino y una mañana de primavera llegó un coche a buscar a Augusto que lucía un lindo traje se despidió de su madre, del padrino y de los vecinos y se fue a la capital Isabel le había peinado por última vez el rubio cabello y le había dado su bendición y en ese coche de caballos Augusto se fue hacia un mundo nuevo.

HERMAN HESSE, *"Augusto"*.

9 comas   4 acentos

La vegetacion de la isla es abundante. Plantas pastos flores de primavera de verano de otoño de invierno van siguiendose con urgencia con mas urgencia en nacer que en morir invadiendo unos el tiempo y la tierra de los otros acumulandose inconteniblemente.

ADOLFO BIOY CASARES, *La invención de Morel*.

40 Descripción de personas

Hasta aquí hemos descrito objetos y lugares; obviamente faltan los personajes de los que hablamos en la lección 22, cuando hicimos referencia a la estructura del relato. En esta lección vas a describir a varios personajes.

• Lee con atención:

I. Era Matilde una muchacha rubia, de veinte años, de estatura mediana y de elegante aspecto. Sin ser bonita tenía el raro don de agradar con su presencia a todo el mundo y solía encantar con su conversación.

Sus amigas íntimas no comprendían nunca estas cosas. Decían que sus ojos no eran grandes ni rasgados, que su nariz no era perfecta, que su boca era más bien grande que chica, y aun cuando confesaban que su cabello rubio era abundante y hermoso, le encontraban en cambio, un tono rojo, elegante sí, pero no bonito.

Respecto a su parte moral era orgullosa, vanidosa y presumida.

PÍO BAROJA,
Cuentos.

II. Era Pepita una mujer de fuego; en sus ojos podía encenderse un puro. Cuando se lavaba, el agua helada, cayendo sobre su cutis ardoroso, chirriaba evaporándose, como si hubiera caído sobre un hierro candente.

MANUEL GUTIÉRREZ NÁJERA,
Los amores de Pepita.

De igual manera que en la descripción locativa, cuando describimos personas necesitamos seguir un orden. Con las personas podemos, por ejemplo, proporcionar en primer lugar, el nombre —si lo sabes— del personaje, luego decimos su edad, su sexo, la estatura, la complexión, el color de piel, y continuamos con sus características psicológicas. Con esta enumeración no pretendemos que hagas un cuestionario o una lista de datos como hacen las agencias policiacas para localizar a algún individuo. No. Vuelve a leer los ejemplos y fíjate cómo se usan los adjetivos, las frases y las comparaciones. Todos son recursos que ya conoces y que aquí vas a poner en práctica.

A Pega en el cuadro la fotografía de un artista o un deportista y descríbelo. No olvides enriquecer tu texto con sinónimos, frases, comparaciones, etc.

B Ahora pega en tu cuaderno o en una hoja una fotografía de cuerpo entero de tu cantante favorito y descríbelo, física y psicológicamente.

C Describe a una amiga o amigo.

Más sobre el acento

OBSERVA:

| MAYÚSCULAS | LUCÍA | CAFÉ | ÁNGEL |
| ATRÁS | MÉDICO | | BÚHO |

RECUERDA:

> También se usa **acento gráfico** cuando empleamos letras mayúsculas.

A Escribe el acento a las palabras que lo necesiten.

MEMORANDUM	CABLE	CAMION
CARROZA	AMBAR	PALABRA
RAMON	CONCIERTO	TEORICO
ADELANTE	DEFICIT	MAREO
CAFE	MURMULLO	COMODA
INGENUO	CANDIDO	GLOBAL
ARCANGEL	ESTUFA	MARIA
TEMOR	FACIL	COLONIA
REVES	ARTURO	BAHIA
ATROPELLAR	AUTOBUS	UNIFORME

• Escribe varias veces las palabras.

OBSERVA:

camión - camiones   limón - limones

RECUERDA:

> Hay palabras **agudas** que llevan acento gráfico en el singular porque terminan en **n** o **s**, pero en el plural no llevan acento escrito porque se vuelven **graves**. Esto es, se siguen las reglas de acentuación que ya conoces.

B Cambia las palabras al plural.

camarón _____	estación _____
sillón _____	león _____
avión _____	televisión _____
revés _____	callejón _____
sartén _____	lección _____
trolebús _____	anís _____

C Busca otras palabras agudas acentuadas. Escríbelas y cámbialas al plural.

autobús   autobuses

_____   _____

_____   _____

_____   _____

_____   _____

• Practica muchas veces estas palabras en tu cuaderno.

OBSERVA:

fácil   +   mente   =   fácilmente

ATENCIÓN:

Recuerda que con el femenino singular de algunos adjetivos se forman adverbios, agregando la terminación **mente**. Cuando el adjetivo original lleva acento escrito, éste se conserva al convertirse en adverbio.

D Busca diez adjetivos que hay en la sopa de letras y escríbelos.

w	n	t	í	m	i	d	o	b	f	d	c	j	w
d	e	d	x	f	v	r	z	a	c	v	k	c	s
i	i	g	j	v	d	c	ó	m	o	d	o	y	z
f	k	r	d	t	s	e	x	j	u	f	u	b	d
í	j	a	v	á	g	i	l	s	n	r	e	a	l
c	t	c	t	f	a	m	g	u	b	f	c	f	y
i	r	i	b	k	p	e	l	i	g	r	o	s	o
l	s	o	j	a	m	b	w	s	c	t	r	o	w
t	a	s	w	t	e	m	f	r	a	n	c	o	q
m	í	o	v	l	k	o	p	w	v	s	m	k	t
s	r	p	a	u	d	a	z	x	q	ú	t	i	l

E Agrega la terminación **mente** a los adjetivos anteriores para formar adverbios. Cuidado con los acentos.

_____   _____

_____   _____

_____   _____

_____   _____

_____   _____

OBSERVA:

la   no   fui   lo   me   con   fue   ti

Podemos decir que, por regla general, las palabras monosílabas no se acentúan.

RECUERDA:

> Nunca llevan acento escrito: fue, dio, vi, fui, no, ti.

Sin embargo algunas palabras monosílabas llevan acento gráfico para distinguirlas de otras que se escriben igual, pero tienen diferente significado.

de - dé   si - sí   mi - mí

ATENCIÓN:

> El acento que se usa para distinguir palabras que se escriben igual se llama **acento diacrítico.**

OBSERVA:

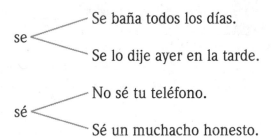

se
— Se baña todos los días.
— Se lo dije ayer en la tarde.

sé
— No sé tu teléfono.
— Sé un muchacho honesto.

F Escribe el significado de las siguientes palabras. Usa tu diccionario. Recuerda que su única diferencia es el acento diacrítico. Después, forma oraciones con ellas.

Ejemplo:

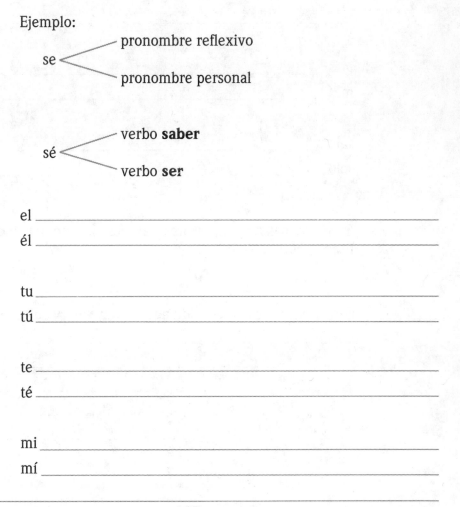

se
— pronombre reflexivo
— pronombre personal

sé
— verbo **saber**
— verbo **ser**

el _____

él _____

tu _____

tú _____

te _____

té _____

mi _____

mí _____

de _____

dé _____

aun _____

aún _____

o _____

ó _____

si _____

sí _____

mas _____

más _____

solo _____

sólo _____

- Entre las palabras anteriores hay dos que no son monosílabas. Escríbelas

_____ y _____ .

- Forma oraciones empleando **aún** y **aun**, **sólo** y **solo**.

_____

_____

_____

_____

_____

_____

_____

G Completa las siguientes oraciones con la palabra que corresponda.

1. (el - él)

   Margarita va a venir _____ miércoles, pero _____ todavía no sabe cuándo.

2. (tu - tú)

   ¿Invitaste a _____ pareja o veniste _____ solo?

3. (te - té)

   ¿Quieres que _____ sirva un café o prefieres un _____?

4. (mi - mí)

   A _____ no me interesa mucho ese libro, pero a _____ amiga Lucía le fascina.

5. (de - dé)

   Es importante que _____ usted su consentimiento, _____ lo contrario se cometerá una injusticia.

6. (aun - aún)

   _____ hay tiempo para decidir si van todos los niños, _____ los que no lo desean.

7. (o - ó)

   Podemos traer las cosas para la fiesta: refrescos, galletas, papas; _____ bien cooperar cada uno con 4 _____ 5 pesos para comprarlas.

8. (si - sí)

   _____ no regresan temprano, entonces _____ van a tener dificultades.

9. (mas - más)

   No es muy guapo, _____ es serio y estudioso y ¿qué vale _____? pregunto yo.

10. (solo - sólo)

    En esa época no tenía un _____ amigo. Se la pasaba rodeado _____ de sus libros y de sus perros.

- Copia las oraciones en tu cuaderno. Reflexiona mucho sobre el empleo de estos acentos diacríticos. Si tienes dudas, coméntalas con tu maestro.

- Localiza en un libro de lecturas todas las palabras que llevan acento diacrítico. Escríbelas en tu cuaderno.

H Coloca los acentos que hacen falta. No olvides el acento diacrítico en las palabras que deben llevarlo. Comenta su uso en forma oral.

1. No me de usted las gracias, mas bien agradezca esto a todos sus compañeros.

2. Marcia aseguro que si iria, que aunque llegara un poco tarde, si estaria con nosotros.

3. Jorge Luis se sentia muy solo cuando llego: no tenia amigos ni novia, pasaba el tiempo solo leyendo y estudiando.

4. Los niños se bañan en las noches todos los dias, pero no se si lo hacen bien.

5. El paseo costara 25 o 30 pesos, dependiendo de si vamos a Cuernavaca o a la Grutas de Cacahuamilpa.

6. Aun cuando lleguen mas temprano, nadie los atendera, ya que a esa hora no hay servicio alli.

7. El cartero aun no llega y las muchachas estan ansiosas por ver si Adolfo se acordo de la fecha de hoy.

8. Es imposible saber con seguridad la hora, mas si es seguro que llega Rosalia.

9. Mi trabajo de redaccion quedo super bien, porque a mi me gusta horrores escribir.

10. El otro dia vino el solo, pero no se animo a decirnos nada, a pesar de que se notaba que si queria hablar con nosotros.

42 Descripción de personajes

En la lección anterior empezamos ya a hacer la descripción de algunos personajes (un artista, un amigo, un maestro, etc.). Ahora vamos a continuar con este tipo de descripción con el fin de mejorar la escritura de este aspecto tan importante para la redacción de relatos.

RECUERDA:

Narración: Sucesión de hechos y acciones relacionados entre sí.

Descripción: "Pintura" de personas, lugares, objetos que se emplean para recrear los ambientes y caracterizar a los personajes.

FÍJATE:

I. Miguel apareció con su casco negro, su chaqueta a prueba de llamas, sus botas recién lustradas y atravesó rápidamente el cuartel de bomberos.

II. Era elegante por instinto, todo lo que se ponía le caía maravillosamente, de modo que era el "dandy" por excelencia del ejército.

Los dos ejemplos anteriores muestran de qué manera se pueden caracterizar los personajes en un relato. Para ello, la observación es determinante, puesto que todos los rasgos físicos, los ademanes, la edad y hasta la manera de vestir contribuyen a definir a una persona y hacer de ella un tipo único.

A Antes de llevar a cabo la descripción de estos personajes, piensa en cada uno de ellos y caracterízalo. Para hacerlo fíjate en su manera de ser y en la actividad que desempeñan.

1. Un estudiante de secundaria.

_____

_____

_____

_____

2. Una enfermera.

_____

_____

_____

_____

3. Un marinero.

_____

_____

_____

_____

4. Un mago.

_____

_____

_____

_____

5. Un payaso.

_____

_____

_____

_____

El ejercicio que sigue requiere también de tu capacidad de observación. Esta vez en el salón de clases.

B Describe cuidadosamente las características de estos compañeros o compañeras.

1. El o la líder del grupo.

_____
_____
_____
_____
_____

2. El o la graciosa.

_____
_____
_____
_____

3. El o la impuntual.

_____
_____
_____
_____

4. El o la "matada".

_____
_____
_____
_____

5. El o la deportista.

_____
_____
_____
_____

Otros usos de B

OBSERVA:

abstraer   **ob**jeto   **obs**equio   **ab**rupto

ATENCIÓN:

> Las palabras que empiezan con **abs, ob, ab, obs** + consonante se escriben con **b**.

A Completa con **ob, obs, ab, abs**.

_____tracto	_____táculo	_____cisa
_____tener	_____tetricia	_____rumar
_____licuo	_____ra	_____ligar
_____tinado	_____jetivo	_____ril
_____tracción	_____solución	_____tinencia
_____rasivo	_____domen	_____truir
_____lución	_____lea	_____rojo
_____ceno	_____orbente	_____cecar

- Busca el significado de las palabras que no conozcas y escríbelas en tu cuaderno. Indica cuáles te parecen de uso poco frecuente.

B Forma palabras siguiendo las flechas.

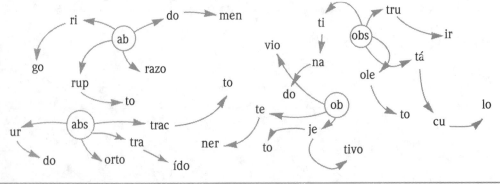

ab	abs	ob	obs

- Repite varias veces las palabras en tu cuaderno.

OBSERVA:

esta**ble** - esta**bilidad**   ama**ble** - ama**bilidad**

ATENCIÓN:

De los adjetivos terminados en **ble** se derivan sustantivos que terminan en **bili-dad.** La terminación **bilidad** se escribe con **b.** Excepto: **movilidad** y **civilidad.**

C Forma palabras agregando la terminación **bilidad**. Escríbelas dos veces.

confiable _____   _____

visible _____   _____

afable _____   _____

responsable _____   _____

creíble _____   _____

irritable _____   _____

D Busca otras palabras y escríbelas dos veces. Usa tu diccionario.

_____   _____

_____   _____

_____   _____

_____   _____

E Escribe el significado de las excepciones.

movilidad _____

_____

civilidad _____

_____

OBSERVA:

furi**bundo**   mori**bundo**

ATENCIÓN:

> También la terminación **bundo** se escribe con **b**.

F Encuentra cinco palabras en la sopa de letras.

t	q	w	e	r	r	a	n	t	e
r	v	m	r	s	ñ	d	l	s	b
e	y	e	ñ	n	á	u	s	e	a
m	l	d	a	m	o	c	l	r	f
e	o	i	f	d	b	j	s	e	r
n	z	t	g	m	k	p	y	o	ñ
d	p	a	f	v	b	ñ	k	t	g
o	d	r	c	ñ	v	a	g	a	r

....

....

....

G Agrega la terminación **bundo** a las palabras anteriores y escríbelas donde corresponda.

Ejemplo: El que se está muriendo.   moribundo

Que causa o produce náusea. _____

Sin domicilio determinado. _____

Que hace temblar. _____

Que anda de una parte a otra. _____

Que medita o reflexiona en silencio. _____

FÍJATE:

beneplácito   **bien**venido

beneficio   **bien**aventurado

ATENCIÓN:

> Las palabras que empiezan con **bene** o **bien** (cuando significan bondad) se escriben con **b.**

H Completa con **bene** o **bien**. Después, busca el significado de las palabras y escríbelo en tu cuaderno.

_____ factor	_____ ficiencia	_____ aventurado
_____ volo	_____ estar	_____ ficio
_____ hablado	_____ hechor	_____ hadado

• Escribe varias veces las palabras.

OBSERVA:

buzón   **bur**ocracia   **bon**dad   **bús**queda

ATENCIÓN:

> Todas las palabras que empiezan con **buz**, **bur**, **bus** y **bon** se escriben con **b**.

I Subraya las tres primeras letras de las siguientes palabras y escríbelas donde corresponda.

buzo	buscapié	burladero
buró	bonetería	bonanza
burla	burgués	burdo
bondadoso	buscapleitos	burócrata
busca	buzón	bonito

bon   bur

_____   _____

_____   _____

_____   _____

_____   _____

                                           _____

bus   _____

_____   buz

_____   _____

_____   _____

• Escribe varias veces las palabras.

> Recuerda que la ortografía es, en gran medida, cuestión de práctica.

44 La narración y el diálogo

En esta lección vamos a ver la manera que utiliza el narrador para informarnos lo que dicen los personajes. Aquí el narrador no emplea las palabras propias de los personajes, sino las suyas; esto es, escribe un diálogo en forma indirecta.

FÍJATE EN ESTOS EJEMPLOS:

I. Me habla acerca de su vida, dice que quiere viajar, conocer el mundo.

II. Damos las gracias al final de la cena y, al decir adiós, me responden que ésa es mi casa.

ATENCIÓN:

> Si el narrador usa sus propias palabras para referirnos la conversación que se da entre dos o más personajes, se trata de un **diálogo escrito en forma indirecta**.

A Escribe una narración breve. Incluye las conversaciones que sostienen los personajes empleando para hacerlo la forma indirecta del diálogo. Sitúa debidamente a tus personajes.

Ejemplo:

Beto encontró a Jorge en la parada del camión y le preguntó si había visto el encuentro de futbol americano que pasaron en la tele el domingo pasado. Jorge le contestó a Beto que no había podido verlo porque había estado haciendo los problemas de matemáticas.

B Ilustra en tu cuaderno los diálogos siguientes. Trabájalos después como lo hiciste en el ejercicio **A**.

1. Hablas con tus amigos cuando se encuentran después de las vacaciones de Navidad.

2. Un diálogo con tu familia después de una comida.

3. Un diálogo con tu profesor(a) de civismo al concluir una ceremonia.

C Recorta tres fotografías de un periódico o de una revista, en donde aparezcan personas hablando; pégalas en una hoja de bloc e inventa la conversación que sostienen los personajes. Emplea la narración y los diálogos en forma indirecta.

45 Otros usos de V

Vamos a estudiar otros usos de **v**.

OBSERVA:

obvio   en**v**idia   su**bv**ersivo   a**dv**ertencia

ATENCIÓN:

> Usamos **v** después de **b, n, d.**

A Completa con **nv, bv, dv**.

a_____ersidad	co_____ento	e_____idioso
o_____iar	a_____erbio	su_____ersivo
i_____ierno	e_____ío	a_____ersario
su_____encionar	a_____ertencia	i_____entor

- Vuelve a escribir las palabras.

B Completa las oraciones con las palabras del cuadro.

obvio	advirtió	convencer
enviar	subvencionado	

1. Jaime pudo _____ a Cecilia de que no fuera.

2. Me parece _____ lo que va a suceder.

3. ¿Se les pudo _____ el material ayer?

4. Ese programa de radio está _____

5. Se les _____, pero no hicieron ningún caso.

- Escribe varias veces estas palabras.

  FÍJATE:

  polvorón **tolv**anera **olv**ido

  ¿Qué tienen en común estas palabras?

  _____

Entonces podemos decir que:

> Después de **ol** siempre usamos **v.**

C Busca palabras de la misma familia. Escríbelas.

  Ejemplo:

  polvo polvareda polvorón

  volver _____ _____

  absolver _____ _____

  olvido _____ _____

  solventar _____ _____

  devolver _____ _____

D Escribe una oración con la palabra que se da.

1. (revólver) _____

  _____

2. (olvidadizo) _____

  _____

3. (pólvora) _____

  _____

4. (tolvanera) _____

  _____

5. (absuelto) _____

  _____

RECUERDA:

Para aprender ortografía debes practicar.

OBSERVA:

oct**avo**   nu**evo**   agres**ivo**   gr**ave**   l**eve**
        oct**ava**   nu**eva**   agres**iva**

ATENCIÓN:

Se usa **v** en los adjetivos terminados en **avo, evo, ivo** y sus formas femeninas (**ava, eva, iva**), así como en los adjetivos terminados en **ave, eve.**

E Cambia al femenino.

longevo _____   vivo _____
fugitivo _____   bravo _____
cautivo _____   festivo_____
doceavo _____   llamativo_____
primitivo _____   nuevo_____

F Escribe el plural.

suave _____   breve _____
indicativo_____   aprensivo_____
cautivo _____   vengativo _____
vivo _____   leve _____
nuevo _____   auditivo _____

- Escribe varias veces las palabras.

213

ATENCIÓN:

Observa los pares de sustantivos que hay en el cuadro.

avo - abo	ava - aba	evo - ebo	eva - eba
pavo rabo	cava haba	huevo sebo	leva prueba
ivo - ibo	**iva - iba**	**ave - abe**	**eve - ebe**
olivo recibo	diva amiba	clave trabe	nieve plebe

Ya habrás advertido que la regla que acabas de estudiar no se aplica a los sustantivos.

> Consulta el diccionario siempre que tengas dudas sobre la escritura de una palabra. Después, escríbela varias veces.

G Escribe varias veces los sustantivos del cuadro anterior.

- ¿Puedes encontrar otros pares de sustantivos como los del cuadro?

_____ _____ _____

_____ _____ _____

_____ _____ _____

_____ _____ _____

- Recuerda que los derivados y compuestos conservan su ortografía original.

OBSERVA:

divulgar   **lev**adura

salvaje   **clav**ar

ATENCIÓN:

Se usa **v** después de **di, le, sal** y **cla**.
Excepto: **dibujar** y **sus derivados**.

H Completa con **di, le, sal, cla**.

_____ vija	_____ vidir
_____ va	_____ vaje
_____ voconducto	_____ versión
_____ vante	_____ vadura
_____ vel	_____ vador
_____ vantar	_____ vertido
_____ vita	_____ vícula
_____ vamento	_____ vaguardia
_____ vadoreño	_____ vado
_____ vagación	_____ vergencia
_____ vidiendo	_____ vo
_____ vorcio	_____ vadista

- Escribe varias veces estas palabras.

- Busca el significado de las palabras que no conozcas y enlístalas según su uso.

215

I Forma familias de palabras.

EJEMPLO:

$$
\text{levita} \left\{ \begin{array}{l} \text{levitación} \\ \text{levítico} \\ \text{levitón} \end{array} \right.
$$

dividir $\left\{ \rule{0pt}{30pt} \right.$ _____ _____ clavar $\left\{ \rule{0pt}{30pt} \right.$ _____ _____

levantar $\left\{ \rule{0pt}{30pt} \right.$ _____ _____ salvar $\left\{ \rule{0pt}{30pt} \right.$ _____ _____

dibujar $\left\{ \rule{0pt}{30pt} \right.$ _____ _____ árabe $\left\{ \rule{0pt}{30pt} \right.$ _____ _____

divergir $\left\{ \rule{0pt}{30pt} \right.$ _____ _____ enviar $\left\{ \rule{0pt}{30pt} \right.$ _____ _____

invierno $\left\{ \rule{0pt}{30pt} \right.$ _____ _____ advertir $\left\{ \rule{0pt}{30pt} \right.$ _____ _____

46 El diálogo

Si repasas las lecciones 40, 42 y 44 te darás cuenta de que los textos narrativos se componen de acciones, descripciones y personajes; pero estos últimos, aunque descritos, no están recreados, es decir, "no viven" por sí solos. Esto quiere decir que nunca los hemos "oído hablar" entre ellos, puesto que siempre hemos escuchado la voz del narrador. Es él quien nos ha dicho lo que dicen, pero de manera indirecta, no citando las propias palabras de los personajes.

En esta lección vamos a hacer que los personajes "hablen" en forma independiente.

- Lee cuidadosamente.

El viejo tomó entonces la mano derecha de aquel hombre y le preguntó:

—¿Te dejarías cortar esta mano por mil pesos?
—No, indudablemente que no.
—¿Y la izquierda?
—Tampoco.
—¿Consentirías en quedar ciego por diez mil pesos?
—¡No daría ni un ojo por todo el dinero del mundo!
—Ya ves —agregó el anciano—. ¡Cuánta riqueza tienes! Y, sin embargo, te quejas.

LEÓN TOLSTOI,
Las riquezas del hombre.

RECUERDA:

Los signos de puntuación frecuentes en un diálogo son los dos puntos y el guión largo.

A En el siguiente cuento faltan los diálogos. Imagina la conversación de los personajes por el contenido de la narración.

Aquel día estaban reunidos todos los animales del zoológico, desde el más chico hasta el más grande.

Todos estaban muy preocupados, pues las familias que visitaban el parque siempre lo dejaban muy sucio. Así que decidieron reunirse para tratar de encontrar una solución a tan grave problema.

El león, que era el presidente de la asamblea dijo:

_____

Como de costumbre, el perico interrumpió:

_____

Para continuar la discusión, la cebra propuso:

_____

La jirafa no estuvo de acuerdo y comentó:

_____

El cocodrilo, que era muy agresivo, dijo:

_____

Ninguno coincidió con su opinión, al grado que hasta se burlaron de él; entonces el camaleón opinó:

_____

Por fin, el venado dijo algo que convenció a todos cuando les propuso:

_____

Todos los animales estuvieron de acuerdo y convinieron en que a partir de ese día llevarían a cabo lo acordado, y con ello acabaría, o al menos disminuiría, el problema de la basura en su bosque.

B A continuación se te proporcionan unas ideas para elaborar un relato. Tú tienes que:

a) Desarrollar esas ideas.
b) Crear los diálogos para cada uno de los personajes que van a intervenir.
c) Describir brevemente a cada personaje.
d) Escribir y revisar el relato completo.

- —Sugiero que todos juntos hagamos algo definitivo —dijo con voz firme Rogelio, que era un muchacho serio y responsable.

- —Yo, por el contrario, pienso que este asunto es de la exclusiva competencia de las autoridades, y que nosotros no tenemos ninguna obligación de involucrarnos —respondió, seguro de sí mismo y un tanto agresivo, Pedro, del Grupo "C".

- Un día se reunieron con las autoridades todos los jefes de grupo de la Secundaria No. 40, tanto del turno matutino como del vespertino.

- Todos estaban preocupados porque el patio de la escuela quedaba muy sucio después del descanso, así que decidieron reunirse para hallar una solución a este problema.

- Muchas de las chicas opinaron que el problema no era sólo el patio.

- Margarita, chava muy comprometida y seria, dijo que ni siquiera el personal de la escuela se preocupaba por mantenerla limpia.

- Otra compañera que es muy cumplida y estudiosa opinó que, entre otras cosas, faltan botes de basura.

- Las autoridades de la escuela escucharon con mucha atención y tomaron notas.

- La directora comentó que se sentía orgullosa de la preocupación que los alumnos mostraban por el plantel.

- La reunión terminó con gran cordialidad. Incluso una profesora llevó unos refrescos y unas bolsitas de papas.

Otros usos de C

OBSERVA:

docen**cia**   espe**cie**   despa**cio**

A   Escribe las terminaciones de las palabras.

_____ , _____ y _____ .

ATENCIÓN:

> Las palabras que terminan en **cia, cie, cio** se escriben con **c**. Excepto algunos nombres propios: **Rusia, Asia, Anastasia, Ambrosio, Dionisio**, etc. O palabras de origen griego como **autopsia, magnesia, gimnasia, anestesia, iglesia, adefesio, idiosincrasia** y otras.

- Escribe varias veces las excepciones.

B   Encuentra las diez palabras que hay en la sopa de letras.

f	b	e	s	e	n	c	i	a	x	n	e	g	o	c	i	o	p	y	e
x	q	j	s	w	z	t	l	ñ	o	t	g	w	q	j	c	l	m	f	j
s	u	p	e	r	f	i	c	i	e	y	f	t	k	c	ñ	f	b	c	e
t	a	s	t	r	g	p	z	h	c	a	r	i	c	i	a	p	k	w	r
r	e	c	i	o	y	o	l	ñ	f	o	l	w	q	p	z	d	c	l	c
g	m	l	r	x	p	e	r	i	p	e	c	i	a	m	d	y	g	o	i
z	w	j	k	m	f	r	p	ñ	m	j	t	f	t	k	f	p	t	j	c
b	e	n	e	f	i	c	i	o	x	l	ñ	p	l	w	q	s	z	t	i
k	y	q	p	j	ñ	p	s	w	b	p	l	a	n	i	c	i	e	x	o
w	r	d	e	l	i	c	i	a	y	l	o	b	s	z	t	b	g	k	h

- Escríbelas

_____   _____
_____   _____
_____   _____
_____   _____
_____   _____

C Cámbialas al plural.

_____   _____
_____   _____
_____   _____
_____   _____

D Escribe el sustantivo que corresponda.

Ejemplo:

aapreciar - aprecio

renunciar _____   sentenciar _____

codiciar _____   viciar _____

presenciar _____   anunciar _____

deshauciar _____   distanciar _____

ajusticiar_____   despreciar _____

denunciar_____   acariciar _____

- Cambia al plural las palabras anteriores.

FÍJATE:

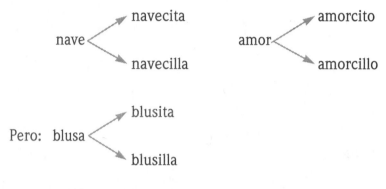

	navecita		amorcito
nave		amor	
	navecilla		amorcillo

Pero: blusa
- blusita
- blusilla

ATENCIÓN:

Las terminaciones **cito, cico, cillo** y sus femeninos se escriben con **c**. Excepto cuando hay una **s** en la última sílaba de la palabra que se derivan.

E Forma dos diminutivos. Usa **c** o **s** según convenga.

Ejemplo:

	botón	botoncito	botoncillo

canción _____ _____

bolsa _____ _____

avión _____ _____

coche _____ _____

sobre _____ _____

cosa _____ _____

ratón _____ _____

camisa _____ _____

pez _____ _____

luz _____ _____

lombriz _____ _____

Recuerda que en los derivados se conserva la ortografía original.

OBSERVA:

preocupa**do** - preocupa**ción**

discre**to** - discre**ción**

ATENCIÓN:

> Se escriben con **c** los sustantivos que terminan en **ción** y que se derivan de palabras terminadas en **to** y **do.**

F Escribe los sustantivos de las siguientes palabras

salvado	inundado	
distinto	absuelto	
ocupado	transformado	
bendito	rendido	
fundido	discreto	
nutrido	animado	
maldito	disoluto	

G Acomoda las palabras en los casilleros de la derecha.

distinción

ocupación

fundición

nutrición

bendición

• Practica las palabras.

OBSERVA: dirigir ➤ dirección   redactar ➤redacción
           instruir ➤ instrucción   producir ➤ producción

- ¿Puedes formular una regla ortográfica a partir de las palabras anteriores?

H   Escribe un sustantivo relacionado con el verbo, que lleve **doble ce**.

1. recolectar		9. elegir	
2. inyectar		10. detectar	
3. introducir		11. construir	
4. infectar		12. restringir	
5. traducir		13. contradecir	
6. destruir		14. reproducir	
7. afligir		15. fingir	
8. reelegir		16. deducir	

I   Escribe una palabra que lleve **doble ce**, relacionada con la que se da.

Ejemplo: acto   acción

convencido		abstracto	
producto		calor	
podrido		satisfecho	
atraer		infringir	
interactuar		contraer	
abstraer		perfecto	
imperfecto		directo	
selecto		inspector	
conducto		adicto	

- Hay muchas palabras que llevan **doble ce**. ¿Puedes encontrar otras?

- Explica la diferencia entre **adición** y **adicción**. Empléalas en oraciones.

El diálogo

Además de las descripciones, los diálogos también pueden ayudar a identificar algunas características de la conducta de los personajes, a través de las palabras que el escritor pone en su boca.

Por lo tanto, ahora que ocupas el lugar del narrador, es necesario que pongas atención especial cuando haces hablar a tus personajes, ya que cada uno tiene su propio estilo al usar las palabras. Esto ya lo has de haber comprobado al oír las conversaciones entre las diferentes personas que conoces.

¿Cuántas veces te ha sucedido que estás colocado de espaldas a una persona y, sin embargo, la reconoces por el timbre de su voz o por esa palabra o frase que usa constantemente? Varias, ¿verdad?

- Lee con atención.

A Guillermo su padre le preguntó si podía sacarle copia de una cantidad de papeles que estaba encima de su escritorio, y Guillermo respondió:

—Yo no puedo.

A Julián le hizo la misma pregunta y éste, asustado de ver todo lo que había que copiar, exclamó:

—¡Imposible!

A Pedro le propuso el mismo trabajo, y Pedro preguntó:

—¿Para cuándo necesitas las copias?

El padre dijo:

—¿Por qué me lo preguntas?

—Te lo pregunto —respondió Pedro— porque yo no puedo copiar todo en un día. Yo me comprometo a hacerlo si me das el tiempo necesario.

El padre lo contempló y dijo:

—Yo no necesito copias. Sólo quería saber cuál de mis hijos irá más lejos en la vida. Ahora sé que eres tú.

CONSTANCIO C. VIGIL,
Poco a poco.

A Escribe en las líneas de la derecha a qué personaje corresponde cada frase. Describe física y psicológicamente al personaje, valiéndote de sus respuestas.

1. ¡Imposible!

2. Yo no necesito copias.

3. Yo me comprometo a hacerlo.

4. Yo no puedo.

B Graba un comercial o un programa de televisión o de radio en el que participen varios personajes. Escucha la grabación con tu profesor y tus compañeros, después describe física y psicológicamente a los personajes, valiéndote sólo de sus intervenciones en el diálogo.

C Oye una vez más la grabación para que la transcribas. Pon atención para que redactes correctamente la parte del narrador y la de los personajes.

49 Otros usos de S

Vamos a estudiar otros usos de **s**.

OBSERVA:

astro	estorbo	islote	ostentoso
aspecto	espina	Israel	oscuro

ATENCIÓN:

> Las sílabas **as, es, is, os,** se escriben con **s** cuando van al principio de las palabras seguidas de una consonante. Hay excepciones: **azteca, izquierda** y algunos apellidos: **Azcanio, Azcona, Azcárraga.**

A Completa con **as, es, is, os**.

_____besto	_____co	_____lote
_____trella	_____mero	_____mosis
_____la	_____curidad	_____paña
_____pereza	_____panto	_____censo
_____coba	_____lam	_____malte
_____cilar	_____pecto	_____paviento
_____rael	_____tra	_____tanque
_____pirina	_____no	_____tión
_____fera	_____casez	_____cuela
_____pada	_____tuto	_____pa

Fíjate que todas las palabras anteriores se escriben con **s** porque va seguida de una consonante.

OBSERVA:

azahar   azafrán

azúcar   azufre

B Escribe dos veces las siguientes palabras.

EJEMPLO:

az ⟶ abache   azabache   azabache

ul

az ⟨ ahar

teca

azúcar

iz ⟨ quierda

ar

oz ⟶ ono

OBSERVA:

violin**ista**   cristian**ismo**

izquierd**ista**   bud**ismo**

ATENCIÓN:

> Las terminaciones **ismo** (modo, sistema, doctrina) e **ista** (el que ejerce o pertenece a un oficio, profesión, escuela, partido) se escriben con **s**.

C Relaciona cada palabra con su significado.

protestantismo

ciclista

socialista

hipismo

telegrafista

- Persona que se ocupa en la instalación o el servicio de los aparatos telegráficos.
- Adepto o relacionado con el socialismo
- Conjunto de las doctrinas, iglesias o grupos religiosos nacidos en la Reforma, como luteranismo, calvinismo, etc.
- Persona que practica el ciclismo.
- Conjunto de conocimientos relativos a la cría y educación de los caballos.

D Forma cinco familias de palabras. Escríbelas donde corresponda.

cristianismo	telegrafía	hipnotizar	cristeros
hipnótico	electricidad	nacionalista	electrificar
telegrama	nacional	eléctrico	nacionalismo
electricista	Cristo	telegrafista	hipnosis
nación	hipnotismo	cristiano	telégrafo

FÍJATE:

impre**so**-impre**sión**   agre**sor**-agre**sión**

admi**sible**-admi**sión**   explo**sivo**-explo**sión**

ATENCIÓN:

> Los sustantivos terminados en **sión** se escriben con **s** cuando son de la misma familia de los adjetivos terminados en **so, sor, sible,** y **sivo**.

E Escribe los sustantivos correspondientes.

EJEMPLO:

opresor   **opresión**

confuso _____   difundible _____

previsible _____   compulsivo _____

adhesivo _____   ascensor _____

provisor _____   comprensible _____

sumiso _____   impreso _____

evasor _____   conciso _____

subversivo _____   explosivo _____

profuso _____   visible _____

admisible _____   revisor _____

opresor _____   repulsivo _____

remisible _____   sucesor _____

F Escribe los adjetivos correspondientes. Recuerda que deben terminar en **so, sor, sible, sivo**.

EJEMPLO: impresión impreso

comprensión _____	admisión _____
evasión _____	convulsión _____
visión _____	precisión _____
sumisión _____	invasión _____
opresión _____	ascensión _____
confusión _____	explosión _____
repulsión _____	reclusión _____
sucesión _____	adhesión _____
agresión _____	invasión _____
difusión _____	revisión _____

OBSERVA:

alto → altí**simo** / altí**sima**   feo → fe**ísimo** / fe**ísima**

ATENCIÓN:

> Se escriben con **s** las terminaciones del superlativo **ísimo**, **ísima**, y sus formas plurales.

G Forma el superlativo masculino y femenino.

caro < _____ / _____   inteligente < _____ / _____

útil < _____ / _____   amigo < _____ / _____

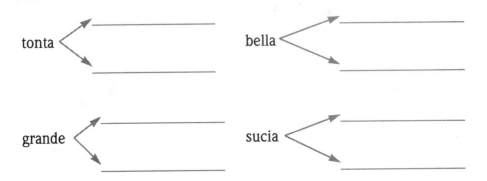

tonta

bella

grande

sucia

Cambia al plural las palabras que acabas de formar. Escríbelas en tu cuaderno. No olvides poner los acentos.

RECUERDA:

> Para aprender ortografía hay que practicar.

OBSERVA CON ATENCIÓN:

respeta**ble** - respeta**bilísimo**

> Fíjate que **ble** cambia por **bil** y se conserva la **b.**

H Escribe el superlativo.

amable	___	agradable ___
noble	___	posible ___
sensible	___	afable ___
durable	___	indispensable ___
venerable	___	favorable ___
honorable	___	palpable ___

LEE CUIDADOSAMENTE

1. Carolina está **dispuesta** a firmar la **protesta**.

2. Nos dio su **respuesta** con un **gesto** amable.

3. Todos vamos a ir a la **fiesta**.

4. El señor está durmiendo la **siesta**.

5. Terminó en el **cesto** de la basura el **manifiesto** que publicaron.

- Escribe las palabras en negritas.

_____ _____ _____ _____

_____ _____ _____ _____

ATENCIÓN:

Las terminaciones **esto** y **esta** se escriben con **s**.

❙ Encuentra seis palabras en la sopa de letras.

t	o	r	q	u	e	s	t	a	y
s	w	k	o	m	n	s	c	v	z
r	j	i	a	p	u	e	s	t	a
e	q	r	g	z	a	c	e	b	v
p	n	e	m	u	c	e	s	t	a
u	r	s	y	g	w	y	g	o	u
e	j	t	x	i	j	m	r	w	k
s	k	o	m	ñ	t	k	o	t	v
t	r	k	x	r	p	a	h	d	u
o	i	a	r	r	e	s	t	o	x

J Escribe una oración con cada una de las palabras del ejercicio anterior.

1. _____
_____

2. _____
_____

3. _____
_____

4. _____
_____

5. _____
_____

6. _____
_____

K Forma familias de palabras.

explosivo	dispuesto	impreso	nobiliario	disposición
noble	confiabilidad	explotación	imprimir	amabilísimo
impresión	disponible	amablemente	nobleza	imprenta
confianza	explotar	nobilísimo	amabilidad	explosión
amable	confianzudo	disponer	confiable	

50 Textos narrativos

A partir de esta lección vamos a trabajar de manera integral los elementos que constituyen un texto narrativo: las acciones, los lugares y los personajes.

ATENCIÓN:

> Por lo general, la narración y la descripción aparecen estrechamente ligadas una a la otra. En un escrito ambas formas se entrelazan y se complementan.

La separación que hemos hecho entre narración y descripción en este manual ha sido únicamente por razones metodológicas, con el objeto de hacer más clara cada una de las formas y, después, poder trabajarlas ya como un conjunto.

De aquí en adelante ya debes proceder como un "jugador semi-profesional" en el deporte de la escritura, puesto que ya hiciste tus ejercicios de "calentamiento" y entrenaste para llegar a este momento. Pero no te confíes demasiado pensando que ya todo lo sabes. No. Ahora empieza realmente lo más arduo de este deporte. Tienes que demostrar el dominio que tienes de tu técnica para narrar, describir y dialogar.

• Lee con atención.

Un ladrón había penetrado en el zaguán de cierta casa y avanzaba agazapado, cuando se encontró de improviso con el perro que hacía de silencioso portero, aunque con los ojos muy abiertos.

El malhechor tembló, pero no desistió de sus propósitos.

Sacó del bolsillo un trozo de pan blanco y se lo mostró al guardián, con la esperanza de que permaneciera quieto y callado.

—Ah, no! —dijo entonces el perro—. Con ese obsequio lo que tú quieres es silenciar mi lengua para impedirme dar la alarma en defensa de mi amo. No quiero que te aproveches de mi silencio. Y se puso a ladrar fuertemente, para hacer huir al ladrón.

Cuento anónimo.

A Reconstruye en las líneas de la derecha el cuento que acabas de leer. Observa que cada ilustración de la izquierda corresponde a una fase del relato. Las ilustraciones están en desorden. Ordénalas y vuelve a escribir el relato usando tus propias palabras en la nueva redacción.

A continuación aparece otro texto para que sigas practicando con la imaginación y las palabras.

RECUERDA:

En un relato tu imaginación es importante y no tiene límites si empleas adecuadamente las palabras.

- Lee cuidadosamente.

La gripe es una enfermedad peligrosa. Yo conocí una niña en Nochebuena, quien soportó la enfermedad sin quejarse. Le subió la fiebre hasta más allá de lo inconmensurable. Ardió su cuerpo, su ropa, la cama, la recámara, la casa, una manzana entera, su barrio, la ciudad... Las llamas se extendieron a todo el universo, que entonces empezó a formarse como le conocemos hoy.

LEOPOLDO BORRAS,
en *El libro de la imaginación.*

B Explica con tus palabras cómo se formó el universo. Trabaja en hoja aparte y aumenta tu colección.

C Inventa un cuento parecido al que leíste. Utiliza toda tu imaginación y tu fantasía. Puedes escribir a partir de una de las preguntas siguientes.

a) ¿De dónde proceden las rayas de la cebra?

b) ¿Cuál es el origen de la cola del pavo real?

c) ¿Cómo se formaron los mares y los océanos?

_____

_____

_____

_____

_____

_____

_____

Repaso de signos de puntuación, acentos y mayúsculas

A Coloca los signos de puntuación, acentos y mayúsculas que hagan falta.

EL HIJO DE LEVIATÁN 2 puntos
11 acentos
12 comas

En aquel tiempo habia en un bosque sobre el Rodano entre Arles y Aviñon un dragon mitad bestia y mitad pez mayor que un buey y mas largo que un caballo Y tenia los dientes agudos como la espada y cuernos a ambos lados y se ocultaba en el agua y mataba a los forasteros y ahogaba las naves Y habia venido por el mar de Galasia y habia sido engendrado por Leviatan cruelisima serpiente de agua y por una bestia que se llama Onagro que engendra la region de Galasia...

JORGE LUIS BORGES,
Manual de Zoología fantástica.

PARA ESCOGER 14 puntos
16 mayúsculas

las coladeras son bocas con sonrisas chimuelas las coladeras han perdido los dientes de tanto que las pisamos sin coladeras la vida sería demasiado hermética las coladeras están a nuestros pies, las coladeras son las bocas de fierro de la ciudad, las pobres coladeras están ciegas las coladeras son pura boca las coladeras se ríen de los nocturnos solitarios de coladera en coladera se llega a la colonia roma las coladeras son amigas de los borrachos por las coladeras se entra al otro distrito federal, las coladeras envidian a las ventanas las ventanas nunca miran a las coladeras las coladeras son simpáticas, aunque eructen muy feo

GUILLERMO SAMPERIO,
Gente de la ciudad.

1 punto y coma

Los fotógrafos hacen constantemente fotografías a los gatos pero los gatos son los que hacen las mejores fotos a los fotógrafos.

RAMÓN GÓMEZ DE LA SERNA,
Greguerías.

1 punto y coma

Se miraron de ventanilla a ventanilla en dos trenes que iban en dirección contraria pero la fuerza del amor es tanta que de pronto los dos trenes comenzaron a correr en el mismo sentido.

RAMÓN GÓMEZ DE LA SERNA,
Greguerías.

14 acentos
13 comas

Lazara Davis su mujer fue mas realista. Era una mulata fina de San Juan de Puerto Rico menuda y maciza del color del caramelo en reposo y con unos ojos de perra brava que le iban muy bien a su modo de ser. Se habian conocido en los servicios de caridad del hospital donde ella trabajaba como ayudante de todo despues que un rentista de su pais que la habia llevado de niñera la dejo al garete en Ginebra. Se habian casado por el rito catolico aunque ella era princesa yoruba y vivian en una sala y dos dormitorios en el octavo piso sin ascensor de un edificio de emigrantes africanos. Tenian una niña de nueve años Barbara y un niño de siete Lazaro con algunos indices menores de retraso mental.

GABRIEL GARCÍA MÁRQUEZ,
"Buen viaje, señor presidente".

9 guiones largos

Se detuvieron, se miraron: Flora estaba aún encendida y la turbación había colmado sus ojos de un brillo húmedo. Desolado, Miguel se dijo que nunca le había parecido tan hermosa: una cinta azul recogía sus cabellos y él podía ver el nacimiento de su cuello, y sus orejas, dos signos de interrogación, pequeñitos y perfectos.

Mira, Miguel dijo Flora; su voz era suave, llena de música, segura. No puedo contestarte ahora. Pero mi mamá no quiere que ande con chicos hasta que termine el colegio.

Todas las mamás dicen lo mismo, Flora insistió Miguel. ¿Cómo iba a saber ella? Nos veremos cuando tú digas, aunque sea sólo los domingos.

Ya te contestaré, primero tengo que pensarlo dijo Flora bajando los ojos. Y después de unos segundos añadió: Perdona, pero ahora tengo que irme, se hace tarde.

MARIO VARGAS LLOSA,
Los cachorros.

- Comenta detenidamente en forma oral el empleo de cada una de las comas del texto anterior.

- Localiza las dos ocasiones en que se emplean los dos puntos. Explica su uso.

OBSERVA: Es necesario —dijo Miguel— que me escuches.
Es necesario,   dijo Miguel,   que me escuches.

> Cuando una oración se interrumpe para insertar otra que aclara o amplía su significado, esa oración se coloca entre guiones largos o entre comas.

ATENCIÓN: —No seas sonso, Miguel —replicó ella, con vivacidad—, no estoy enojada.

> Cuando la oración que se interrumpe debía llevar una coma (punto y coma, dos puntos, punto), ésta se coloca después del guión largo.
> dijo Miguel—,   aseguró Martha—:
>   contestó la madre—;

Textos narrativos

Estas últimas lecciones vamos a dedicarlas a repasar y a practicar todo lo que ya sabes. Empezaremos con la identificación de las partes del texto narrativo o relato como lo hemos venido llamando en este manual.

OBSERVA:

—¿Tu novio?
—No fue mi novio.
—¡Sí! ¡Sí que sí!— exclamaron en coro las muchachas.
—¡Fue... mi... pretendiente!— contestó la señorita Orcillés. Y prosiguió con su charla.
—Bien vistas las cosas: Leonor tiene razón en querer a Luis, es joven, guapo y rico...

RAFAEL DELGADO,
Historia vulgar.

El texto anterior, aunque compuesto de unas cuantas líneas, contiene todos los elementos del relato. El diálogo aparece en cinco ocasiones (señaladas con un guión largo); la narración se encuentra en los renglones tres, cuatro y cinco, mientras que la descripción la tenemos en la última línea.

A Identifica la narración en el siguiente texto y cámbiala al tiempo presente.

Iba Casimiro cabizbajo y triste. No había motivo para ello, y sin embargo estaba asustadizo, y de cuando en cuando le daba un vuelco el corazón, como si le amenazara la mayor desgracia. Ganas le daban de volverse al Ceibo y allí pasar la noche.
Avanzaba el jinete por el fangoso camino. Por aquel rumbo dirigió Casimiro su caballería y también fue en vano: la Diabla se detuvo; rebelde al freno pugnaba por volverse.

Cuando Casimiro llegó ya Margarita le esperaba en la puerta.

—¡Creí que no venías! ¡Jesús! ¡Si vienes hecho un pato! ¡Quítate la manga que encharcas esto!

—Luego. No me pasó el agua. Voy a desensillar.

RAFAEL DELGADO,
El asesinato de Palma-Sola.

B Cambia la descripción temporal del texto siguiente, empleando para hacerlo elementos opuestos: "la mañana" por "la noche", uno por varios personajes, la llegada por la partida de las aves, etc. Recuerda que puedes hacer las modificaciones que requieran tu estilo personal y tu imaginación.

Aquellas mañanas la Alameda estaba casi desierta, uno que otro estudiante con la cabeza al aire, con el sombrero y el libro en la mano, se entregaba al estudio paseándose por las calles sombrías.

A veces atravesaban algunas jóvenes con el pelo suelto, de prisa, hacían ejercicio; y algún viejo, sentado en las bancas, leía un periódico.

En el cielo ya comenzaban a disiparse las melancólicas brumas, dejando ver aquí y allá pedazos de claro azul.

Habían sido arrastradas por el viento las últimas hojas marchitas. Las aves empezaban a salir de sus nidos...

ÁNGEL DE CAMPO,
En la Alameda.

C El siguiente texto trata de los síntomas y las consecuencias de una enfermedad: envenenamiento por picadura de serpiente. Lee con atención y describe los síntomas de alguna enfermedad que hayas padecido. Puede tratarse de un resfriado, indigestión, fractura, luxación, o cualquier otra; podría ser también una enfermedad imaginaria.

El hombre se bajó hasta la mordedura, quitó las gotitas de sangre y durante un instante contempló. Un dolor agudo nacía de los dos puntitos violeta y comenzaba a invadir todo el pie. Apresuradamente se ligó el tobillo con su pañuelo y siguió por la picada hacia su rancho.

El dolor en el pie aumentaba con sensación de tirante abultamiento. Movía la pierna con dificultad; sintió una metálica sequedad de garganta.

La pierna entera, hasta medio muslo, era ya un bloque deforme y durísimo que reventaba la ropa. El hombre cortó la ligadura y abrió el pantalón con su cuchillo: el bajo vientre desbordó hinchado, con grandes manchas lívidas y terriblemente doloroso.

Horacio Quiroga,
A la deriva.

_____

_____

_____

_____

_____

_____

_____

_____

_____

_____

_____

_____

_____

_____

53 Otros usos de Z

Observa las siguientes palabras. Todas tienen algo en común.

pobr**eza** grand**eza** palid**ez** vej**ez**

Claro, todas terminan con _____ y _____ .

ATENCIÓN:

> Las terminaciones **eza** y **ez** de los sustantivos abstractos se escriben con **z**.

A Escribe un sustantivo terminado en **eza** o **ez**.

rico _____   cálido _____
cándido _____   idiota _____
ávido _____   ligero _____
bello _____   duro _____
redondo _____   grande _____

• Practica las palabras que acabas de escribir.

Recuerda que no todas las palabras se escriben de acuerdo con una regla. Por eso debemos escribir muchas veces las palabras, leer con atención y consultar el diccionario cuando tengas dudas.

Además de las palabras terminadas en **ez** y **eza** que acabas de aprender, hay muchas palabras fuera de la regla que tienen la misma terminación y pueden escribirse **es**, **esa**, **ez**, **eza**.

B Escribe las siguientes palabras según su terminación.

empresa	presa	fortaleza	cabeza
nobleza	después	vez	remesa
pues	pieza	interés	sorpresa
promesa	ajedrez	res	juez
diez	nuez	delicadeza	mes
es	**esa**	**ez**	**eza**

_____   _____   _____   _____

_____   _____   _____   _____

_____   _____   _____   _____

_____   _____   _____   _____

_____   _____   _____   _____

- Escribe muchas veces las palabras.

OBSERVA:

enferm**iza**   escurrid**iza**   olvidad**izo**   roj**izo**

ATENCIÓN:

> **izo, iza** se escriben con **z** cuando se refieren a una acción o situación que se repite (olvidadizo) o al color o la materia de la palabra de la cual provienen (rojizo).

C Forma palabras terminadas en **izo** e **iza** que se refieran a una acción o situación que se repite.

enojar _____   _____

espantar _____   _____

escurrir _____   _____

enfermo _____   _____

enojar _____   _____

D Completa con **izo** y cambia al femenino.

EJEMPLO:
quebrad · · · · · **quebradizo** · · · · · **quebradiza**

mac _____ _____ _____
cobr _____ _____ _____
resbalad _____ _____ _____
mell _____ _____ _____
huid _____ _____ _____
mest _____ _____ _____
cen _____ _____ _____
post _____ _____ _____
plegad _____ _____ _____
roj _____ _____ _____

• Repite las palabras que acabas de formar. Usa tu cuaderno.

Hay muchas palabras terminadas en **izo**, **iza** o **iso**, **isa**. Vamos a practicar algunas.

E Repite las palabras.

carrizo _____ repisa _____
rizo _____ tiza _____
aviso _____ risa _____
chorizo _____ permiso _____
prisa _____ erizo _____

• Encuentra otras palabras terminadas en **izo**, **iza**, **iso**, **isa** y escríbelas en tu cuaderno.

FÍJATE:

ten**az**   vel**oz**   aud**az**

ATENCIÓN:

> Muchos adjetivos terminados en **az** y **oz** se escriben con **z.**

OBSERVA:

tenaz	-	tenaces	-	tena**cidad**
veloz	-	veloces	-	velo**cidad**
audaz	-	audaces	-	auda**cia**

Estos adjetivos pertenecen a la misma familia de los sustantivos terminados en **cia** y **cidad**.

F Cambia los siguientes adjetivos al plural y escribe el sustantivo correspondiente.

EJEMPLO:

tenaz   **tenaces**   **tenacidad**

precoz

capaz

feroz

eficaz

atroz

voraz

suspicaz

veraz

• Vuelve a escribir las palabras del ejercicio anterior. Hazlo en forma de pirámide.

EJEMPLO:

tenaz

tenaces

tenacidad

54 Textos narrativos

Continuamos con nuestro repaso de identificación de las partes de un texto narrativo. Ahora vamos a localizar personajes según la forma en que están descritos o por su intervención en los diálogos.

• Lee atentamente.

Cuando la tarde se oscurece y los paraguas se abren, lo mejor que el desocupado puede hacer es subir al primer tranvía que encuentre al paso y recorrer las calles. Después de examinarlas volví los ojos al interior del vagón. Un viejo de levita color de almendra meditaba apoyado en el puño de su paraguas. No se había rasurado. Probablemente no tenía en su casa navajas de afeitar. ¿Quién sería mi vecino? De seguro era casado, y con hijas. ¿Serían bonitas? Yo saqué mi reloj y dije para mis adentros: —Son las cuatro de la tarde y esas criaturas esperan a su padre para comer. ¡Pobrecillas! Han de ser buenas muchachas. Este señor tiene toda la facha de ser un buen hombre. ¡Si las niñas se casaran podrían ayudar a su padre! ¡Si yo me casara con alguna de ellas! ¿Por qué no? ¿Con cuál me caso? ¿Con la rubia? ¿Con la morena?

En esto el buen señor se baja del tranvía y se va. Si no lloviera tanto —continué diciendo para mis adentros— lo seguía.

MANUEL GUTIÉRREZ NÁJERA,
La novela del tranvía.

El texto anterior es un ejemplo de lo que puede hacer nuestra imaginación. ¿Recuerdas que habíamos mencionado la posibilidad de describir todo? Aquí vimos una prueba más.

A Observa a algunas personas —en el autobús, en el metro, en un restaurant, en una tienda, etc.— e invéntales una vida. Toma como modelo el texto de Gutiérrez Nájera para que practiques la narración y la descripción.

B Identifica diálogos en textos o en conversaciones, y juega con ellos.

OBSERVA:

El otro día, en la oficina, le dijeron al señor Quintanilla algo del asunto, pero él negó y negó porque así es el buen señor.

Hay dos frases que nos indican los diálogos en el texto anterior:"le dijeron al señor Quintanilla" y "él negó".
¿Qué asunto crees que le hayan mencionado al señor Quintanilla? Puede ser el que tú quieras. ¿Por qué lo negó?

Escribe el posible diálogo que sostuvo el señor Quintanilla en su oficina. Emplea la forma directa, ya que el ejemplo se encuentra en forma indirecta.

C Ahora hacemos lo contrario. Tenemos un diálogo en forma directa y lo cambiamos a la forma indirecta.

FÍJATE:

—¡Oiga Adolfo, oiga Nacho! Este joven que es desde hoy redactor de El Universal, pretende que además del sueldo asignado le sean pagadas sus poesías...
Y como escandalizándose, agregó:
—¿Qué les parece a ustedes?
Luchichú que también era poeta, me tendió la mano con brusca franqueza:
—¡Chóquela usted! Hasta que encuentro a un poeta que no "chotee" la mercancía...

JOSÉ JUAN TABLADA,
La feria de la vida.

D Escribe un breve texto narrativo en el que intercales el diálogo anterior, escrito en forma indirecta.

55 Otros usos de G

OBSERVA:

gestación **ges**to **ges**tionar

ATENCIÓN:

> Las palabras que empiezan con **gest** se escriben con **g**.

A Escribe el significado de las siguientes palabras. Usa tu diccionario.

gesta _____

_____

gestión _____

_____

gesticular _____

_____

gesto _____

_____

gestación _____

_____

gestar _____

_____

gestoría _____

_____

Vuelve a escribir las palabras del ejercicio anterior.

_____ _____ _____

_____ _____ _____

_____

OBSERVA:

legión   legítimo
legionario   legislador

ATENCIÓN:

> Se escriben con **g** las palabras que empiezan con **legi** o **legis**. Excepto **lejía, lejísimos, lejitos.**

B Completa con **legi** o **legis**.

_____ lación   _____ timidad
_____ ón   _____ latura
_____ lativo   _____ ble
_____ onario   _____ timo

- Vuelve a escribir las palabras que acabas de formar.

C Escribe las excepciones.

_____ , _____ y _____ .

OBSERVA:

gente   género
origen   generoso   genio
inteligencia   oxígeno

- Escribe las palabras anteriores.

_____   _____

_____   _____   _____

_____   _____

ATENCIÓN:

> El grupo **gen** —a principio, en medio o al final de la palabra— generalmente se escribe con **g**. Excepciones: **ajenjo, ajeno, berenjena, avejentar, comején, enajenar, jengibre**.
>
> CUIDADO:
>
> Jenaro — Genaro
> Jenízaro — genízaro

- Practica en tu cuaderno las excepciones.

D Forma las palabras siguiendo las flechas.

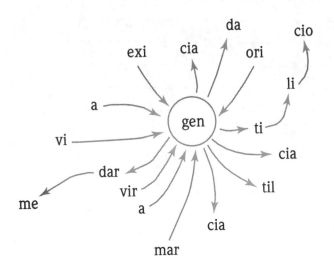

- Vuelve a escribir las palabras.

FÍJATE:

silo**gismo**   ener**gía**   olea**ginoso**

ATENCIÓN:

> La mayoría de las palabras terminadas en **ginoso**, **gia** y **gismo** se escriben con **g.** Hay excepciones.

E Completa con **ginoso**, **gismo** o **gía** y vuélvelas a escribir. Si no conoces alguna palabra usa tu diccionario.

analo _____   _____
pedago _____   _____
neolo _____   _____
cronolo _____   _____
olea _____   _____
antolo _____   _____
biolo _____   _____
geolo _____   _____
silo _____   _____
astrolo _____   _____
zoolo _____   _____
ferru _____   _____

• Escribe dos veces las excepciones.

aguajinoso _____   _____
lejía _____   _____
bujía _____   _____
salvajismo _____   _____
Mejía _____   _____
herejía _____   _____
canonjía _____   _____
espejismo _____   _____
apoplejía _____   _____
crujía _____   _____

FÍJATE:

hemiplejia _____   _____

hemiplejía _____   _____

- Practica muchas veces las excepciones.

OBSERVA:

ma**gia**   conta**gio**

estrate**gia**   cole**gio**

- Escribe las terminaciones de las palabras que acabas de leer.

_____ y _____ .

ATENCIÓN:

> Las palabras terminadas en **gia, gio** se escriben con **g**.

F   Completa con **gia** o **gio**

hemorra _____	aler _____
sufra _____	elo _____
presti _____	demago _____
litur _____	neural _____
refu _____	prodi _____
nostal _____	estrate _____
liti _____	sortile _____
vesti _____	privile _____
ma _____	conta _____
cole _____	re _____

OBSERVA:

ajenjo   **eje**
   ajetreo   **eje**mplo

ATENCIÓN:

> Las palabras que empiezan con **aje**, **eje** se escriben con **j**. Excepto: **egeo, agencia, agenda, agenciar, agente** y **Egeria**.

G   Forma las palabras siguiendo las flechas.

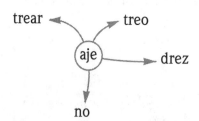

_____
_____
_____
_____

_____
_____
_____
_____

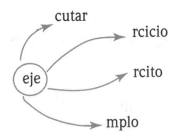

•   Vuelve a escribir las palabras.

aje   eje

_____   _____
_____   _____
_____   _____
_____   _____

H Busca otras palabras y escríbelas en tu cuaderno.

RECUERDA:

> La ortografía también es cuestión de práctica.

I Forma familias de palabras.

Ejemplo:

salvaje	salvajada	salvajismo

generar		
refugio		
privilegio		
legislar		
inteligente		
generoso		
gente		
general		
gestión		
ejemplo		
agencia		

- Escribe oraciones con las palabras anteriores.

56 Textos narrativos

En la lección anterior vimos que, si bien ya tienes muchos conocimientos para ser "semiprofesional", en el campo de la escritura, todavía te falta depurar ciertas técnicas. Para eso son estas lecciones, para que continúes con tu preparación.

El ejercicio que se presenta ahora no es nuevo, ya lo trabajaste en la lección 24. Lo que haremos será cambiar el grado de dificultad, puesto que ya sabes manejar todos los elementos de la estructura del relato, así como los que aquí llamamos "recursos de escritura".

RECUERDA:

Estructura del relato	Recursos de escritura
• Presentación	• Narración
• Desarrollo	• Descripción
• Nudo	• Diálogo
• Desenlace	

A Los fragmentos de la siguiente historia están en desorden; además, falta uno de ellos. Ordena y completa el cuento, imagina varias ideas nuevas para enriquecerlo. Asígnale un título y, después de revisarlo varias veces, escríbelo completo.

Todos los compañeros estuvieron de acuerdo con la decisión del jurado; aplaudieron y disfrutaron mucho la premiación. Una vez terminado el concurso, se despidieron, deseándose felices vacaciones, y haciendo planes para volverse a encontrar al inicio del nuevo año escolar.

❖ ❖ ❖

El pasado 30 de junio los alumnos del 2º "C" organizaron un convivio para celebrar el fin del curso.

❀ ❀ ❀

El grupo estaba a la expectativa: ya querían saber el resultado del concurso, pero el jurado seguía deliberando. Los alumnos discutían acaloradamente entre ellos —algunos bastante irritados— puesto que cada uno apoyaba a su candidato y el concurso se veía muy reñido.

Por fin apareció Martín para comunicarles la decisión final del jurado: había un empate para el primer lugar, Drácula y el Dragón.

❀ ❀ ❀

Cada uno desfilaba frente al jurado mostrando su disfraz y sus habilidades histriónicas. Mientras tanto, Virginia, Martín y Elena —los miembros del jurado— observaban y tomaban notas.

—¿Quién es el que viene vestido de Drácula? —preguntó Virginia en voz baja a sus compañeros del jurado.

—No estoy muy seguro —respondió Martín—, pero creo que es Enrique Rivera.

—¿Y ése? ¿El que sigue? ¿Quién es?

—¿El dragón? No sé, de veras, no lo reconozco. A lo mejor es Teresa, porque ella es muy buena para los disfraces.

B En esta actividad vas a escribir un cuento. En el cuadro se dan algunas ideas que puedes utilizar, aunque lo ideal es que tú generes tus propias ideas.

Antes de escribir tu cuento recuerda que debes tener muy claras las ideas sobre cómo lo vas a hacer.

- Piensa primero en la historia que vas a contar; a continuación puedes elaborar una lista de las acciones.
- Inventa entonces a los personajes. Imagina bien a cada uno de ellos, descríbelos con muchos detalles, tanto física como psicológicamente.
- Planea el tiempo y el lugar en los que vas a situar tu historia.
- Escribe un borrador, revísalo con cuidado, añade otras ideas, amplía las descripciones; trata de ser cada vez más creativo e imaginativo.
- Una vez que estés satisfecho con tu cuento, revisa con mucho cuidado la redacción, la puntuación y la ortografía. Recuerda que las ideas se enlazan por medio de nexos.
- Escribe entonces la versión final.

PERSONAJES	LUGARES	ESTADOS DE ÁNIMO	TIEMPOS	ACCIONES
un niño	otro planeta	muy tranquilo	año 2000	construir una nave
una mujer	un árbol	triste	siglo XIX	combatir una maldición
un oso	un río	melancólico	eternamente	ser invisible
un sastre	un autobús	decepcionado	fin de año	cambiar su negocio

Otros usos de H

OBSERVA:

hipocondriaco

hipotenusa

hipertenso

ATENCIÓN:

> Las palabras que empiezan con **hip** se escriben con **h**.

Hay pocas excepciones. Busca su significado en el diccionario y escríbelo.

ipso facto _____

ipecacuana _____

ípsilon _____

ipil _____

A Escribe palabras de la misma familia.

hipócrita   hipocondriaco   hipnotizar

_____   _____   _____

_____   _____   _____

            hipsometría   hipódromo

            _____   _____

            _____   _____

B Lee con atención.

hipérbaton	hipófisis	hipogastrio
hipodérmico	hipérbole	hipo
hipótesis	hipar	hipoteca

• Busca el significado de estas palabras en tu diccionario y sepáralas según su uso. Usa tu cuaderno.

OBSERVA:

hipérbola   **hipo**pótamo   **hir**suto   **his**pano

ATENCIÓN:

> Se escriben con **h** las palabras que empiezan con **hiper, hipo, hir, his**.

C Escribe cinco palabras que empiecen como se indica.

hiper	hipo	his	hir

• Escribe muchas veces las palabras en tu cuaderno.

OBSERVA:

heterodoxo	**homó**logo	**higro**metría
heteróclito	**homó**fono	**higro**scopía

Las sílabas en negritas de las palabras anteriores son _____ ,

_____ y _____ .

ATENCIÓN:

Se escriben con **h** las palabras que empiezan con **hetero** (= diferente), **homo** (= igual) e **higro** (= húmedo).

D Escribe dos veces y da el significado de las siguientes palabras.

homogéneo _____   _____

heterodoxo _____   _____

higrometría _____   _____

higroscopía _____   _____

homónimo _____   _____

homofonía _____   _____

heterogéneo _____   _____

higrométrico _____   _____

heteróclito _____   _____

• Busca en tu diccionario el significado de las siguientes palabras.

hexa _____

hepta _____

hecto _____

ATENCIÓN:

> Las palabras que empiezan con **hepta,**
> **hexa** y **hecto** (cuando significan siete, seis
> y cien) se escriben con **h.**

Es difícil equivocarse con **hepta** y **hecto**, porque son raras las palabras que empiezan con **ecto**; y con **epta**, no hay. Así que en estos dos casos podemos hacer una regla general.

En cambio, sí hay muchas palabras que empiezan con **exa**, pero no significa seis.

E Completa las siguientes palabras anteponiendo **hepta** o **hecto,** según corresponda. Busca su significado en el diccionario y escríbelo a continuación.

_____ edro _____

_____ metro _____

_____ sílabo _____

_____ vatio _____

_____ gonal _____

_____ litro _____

_____ gramo _____

_____ gono _____

_____ área _____

F Completa con **hexa** o **exa**.

_____geración	_____sperado	_____ltado
_____hogo	_____men	_____sílabo
_____gerar	_____edro	_____cto

OBSERVA:

hemorragia   **hem**atosis

hemoglobina

ATENCIÓN:

> Todas las palabras que empiezan con **hem** (sangre) se escriben con **h**.

CUIDADO: Hay muchas palabras que empiezan con **em** que no entran en la regla anterior.

embarazo   **embriagar**   **embarcadero**

emoción   **emigrar**

G Completa con **hem** o **em** según corresponda.

_____atoma	_____plomar
_____palagoso	_____optisis
_____balsamado	_____isario
_____opatía	_____peñar
_____borrachar	_____atófago
_____ostático	_____panada
_____pedrado	_____baucador
_____brujar	_____oglobina
_____palmar	_____ofilia
_____atocito	_____papado

- Vuelve a escribir las palabras que acabas de formar. Usa tu cuaderno.

Textos narrativos

En las lecciones 24 y 56 trabajamos con narraciones desordenadas. En ambas lecciones practicaste la manera de ordenar el relato mediante las preguntas básicas y tu esquema de redacción.

En esta ocasión, entonces, lo que haremos será reforzar la organización de un texto mediante un cuestionario de comprensión de lectura, con el objeto de que reescribas lo leído con tus propias palabras y, simultáneamente, practiques los resúmenes de las primeras lecciones.

• Lee atentamente.

Si viviéramos tú y yo en los tiempos de la navegación a vela, ¡ah, si viviéramos tú y yo!

En los tiempos de la navegación a vela, la mar semejaba una alcoba en la que, ¡qué pena haber nacido a destiempo!, tú y yo nos hubiéramos encontrado.

Pudiera ser que al vernos no supiéramos qué decirnos. Para estos momentos de indecisión, los dioses crearon el sentido del olfato, que es algo parecido al radar de las almas.

En los tiempos de la navegación a vela, Eliacim, la mar fingía ser un bosque de amorosos senderos, una selva que había perdido su virginidad por amor.

Hoy, ya no.

CAMILO JOSÉ CELA,
Mrs.Caldwell habla con su hijo.

A Responde el cuestionario. Después, une las respuestas en forma lógica y reconstruye el texto con tus propias palabras.

1. ¿Qué crearon los dioses para los momentos de indecisión?

2. ¿Cuáles son los dos elementos con los que el narrador compara al mar?

3. ¿A quién se está dirigiendo el narrador?

4. ¿Por qué lamenta el narrador "haber nacido a destiempo"?

B A continuación aparece otro texto para que lo leas con detenimiento y puedas realizar las actividades que se mencionan abajo.

Julián, que ya conocía la testarudez de su mujer, no agregó nada. De mala gana se sentó a comer. Comió en silencio y luego se tendió en su catre, junto a la ventana, desde donde se podía ver un retazo de mar. Mientras su mujer lavaba los trastos, Julián se puso a soñar. Caía la noche, la mujer apagó el candil y se acostó al lado de su marido. A eso de la madrugada las voces de las sirenas despertaron a éste. Eran voces plácidas que iban por los caminos invisibles del viento. Josefina, aunque despierta, no oyó nada. Al salir el sol Julián y Guillermo se encontraron en el muelle donde tenían costumbre de pescar.

ERMILO ABREU GÓMEZ,
Pescadores.

• Una vez que hayas leído cuidadosamente el texto, desarrolla las siguientes actividades.

1. Elabora un cuestionario de cinco preguntas.

2. Reconstruye el texto con tus propias palabras.

3. Inventa un final para el texto.

Repaso de mayúsculas, signos y acentos

A Coloca los signos de puntuación, acentos y mayúsculas que hagan falta.

> 3 signos de interrogación
> 1 signos de admiración
> 6 comas

Aunque iba muy preocupado por la gaviota Zorbas no estaba dispuesto a dejar pasar las provocaciones de los dos facinerosos. De tal manera que detuvo la carrera erizó la piel del lomo y saltó sobre el cubo de basura.

Lentamente estiró una pata delantera sacó una garra larga como una cerilla y la acercó a la cara de uno de los provocadores.

—Te gusta Pues tengo nueve más. Quieres probarlas en el espinazo —maulló con toda calma.

Con la garra frente a los ojos el gato tragó saliva antes de responder.

—No jefe. Qué día tan bonito No le parece —maulló sin dejar de mirar la garra.

Luis Sepúlveda,
Historia de una gaviota y del gato que le enseñó a volar.

MOSQUITOS   4 puntos

> Nacen en los pantanos del insomnio
> Son negrura afilada que aletea
> Diminutos vampiros, sublibélulas
> Pegasitos de pica del demonio

José Emilio Pacheco,
No me preguntes cómo pasa el tiempo.

AL FILO DEL BOSQUE   7 puntos
                          8 comas

Su hijo está muerto señor Farías muerto Perdóneme por soltárselo así abruptamente sin ambages y sin consideración pero no quiero no puedo mentirle y si he de confiarme a usted como espero hacerlo es necesario que sea directa y absolutamente franca Está muerto Muerto Lo demás es mera cortesía Lo principal lo sabe ya De usted depende ahora si continúa leyendo esta carta o la desecha para concentrarse en su dolor que no será poco

HERNÁN LARA ZAVALA,
El mismo cielo.

12 comas

Larissa llegó una mañana cerca del mediodía. La enviaban Alex y la rubia de Maracaibo. Ya ésta le había adelantado algo a Ilona sobre una mujer nacida en el Chaco de origen incierto pero que había recorrido mucho mundo hablaba varios idiomas llevaba una existencia muy reservada y tenía un aspecto imponente. Longinos la llevó a la terraza en donde tomábamos el sol en traje de baño. Lo primero que me llamó la atención en ella fueron ciertos rasgos semejantes a los de Ilona La misma nariz recta los mismos labios salientes y bien delineados la misma estatura e idénticas piernas largas y bien moldeadas que daban la impresión de una fuerza elástica de una imbatible juventud. Sin embargo al mirarla mejor me di cuenta de que la semejanza era puramente superficial y se desvanecía ante un examen más detenido. El cabello de un negro intenso lo usaba alborotado y rebelde y le llegaba casi hasta los hombros. Era como si vinieran de la misma región pero nada tuvieran en común fuera de su efímera semejanza.

ÁLVARO MUTIS,
Ilona llega con la lluvia.

1 dos puntos
2 comas

El escritor y filósofo Fernando Savater afirma "la literatura está para que vivamos otras vidas más vida para que tengamos más vida de la que nos toca en nuestra ración simple".

"La Jornada", *25 de abril de 1997.*

4 comas
7 puntos
9 acentos
11 mayúsculas

la loca margarita amanecio muerta en la playa y alli la encontro un pescador cuando iba camino de su barca estaba margarita sonriendo en su muerte de ahogada

alguien fue a la casa de la loca para avisar del encuentro los gritos con que su madre recibio la noticia pusieron en movimiento a todo el puerto

un grupo de señoras piadosas lavo con agua dulce el cuerpo de margarita le cambio ropas y peinaron sus largos cabellos adornandolos con flores de mayo cantando canciones tristes la llevaron a su casa tendida en una mesa

la loca margarita creia que era hija del oceano y obligaba a la vieja prudencia su madre a dormir acompañada de una botella con agua de mar

ERACLIO ZEPEDA,
Asalto Nocturno.

1 signos de admiración
8 comas

Afortunada creció deprisa rodeada del cariño de los gatos. Al mes de vivir en el bazar de Harry era una joven y esbelta gaviota de sedosas plumas color plata.

Cuando algunos turistas visitaban el bazar Afortunada siguiendo las instrucciones de Colonello se quedaba muy quieta entre las aves embalsamadas simulando ser una de ellas. Pero por las tardes cuando el bazar cerraba y el viejo lobo de mar se retiraba deambulaba con su andar bamboleante de ave marina por todos los cuartos maravillándose ante los miles de objetos que allí había mientras Sabelotodo revisaba y revisaba libros buscando el método para que Zorbas le enseñara a volar.

—Volar consiste en empujar el aire hacia atrás y hacia abajo. Ajá Ya tenemos algo importante —musitaba Sabelotodo con la nariz metida en los libros.

LUIS SEPÚLVEDA,
Historia de una gaviota y del gato que le enseñó a volar.

60 Textos narrativos

Esta lección casi te convierte en un experto narrador. Confiamos tanto en que hayas asimilado las reglas del juego y que puedas aplicarlas en caso necesario, que vamos a ponerte una prueba decisiva: transformar un texto que no es narrativo en un relato.

FÍJATE:

PERSONAJES: Yolanda, Marco (hermano de Yolanda).

Se levanta el telón. Marco y Yolanda están en la cocina de su casa. Marco intenta salir sin ser visto por su hermana.

YOLANDA: Si les dices a mis papás que no estaba estudiando, yo te acuso de que te vi fumar.
MARCO: No te van a creer porque soy más chico que tú.
YOLANDA: Mira, Marco, ya me cansaste. Ya no te voy a prestar la grabadora.
MARCO: No le hace. Mi papá me va a regalar un walkman.

• Acabamos de leer un fragmento de una obra de teatro. Vamos a ver cómo lo convertimos en un relato. ¿Cómo lo contarías?

Yolanda y Marco son hermanos. Ella tiene catorce años, es dos años mayor que él. Como todos los días después de la cena Marco amenaza a Yolanda con acusarla de algo. Esta vez, porque la encontró cantando, en vez de estudiar para su examen del día siguiente.
Yolanda, al borde de la desesperación le dice a su hermano:
—Si les dices a mis papás que no estaba estudiando, yo les diré que te vi fumar.
Marco, que es bastante insolente y burlón, responde en tono grosero y con esa sonrisa que desespera a Yolanda:
—No te van a creer...

¿Te das cuenta cómo es posible transformar un texto? Ahora vas a hacerlo tú.

- A continuación tenemos un fragmento de una obra de teatro. Leelo con mucho cuidado.

EL RETRATO MISTERIOSO

CUADRO ÚNICO

Antes de alzarse el telón, una chinita mostrará al público un cartel con la siguiente leyenda:

EN UN ANTIGUO PUEBLECITO CHINO, EL ESPEJO ERA AÚN DESCONOCIDO, AL PUNTO QUE... ¡VEAN LO QUE SUCEDIÓ UN DÍA, HACE MUCHOS, MUCHÍSIMOS AÑOS!

Se retira la chinita y se levanta el telón. Un momento después entra Kikim, un poco asustado y trayendo en sus manos un pequeño espejo. Observa a derecha e izquierda, para cerciorarse de que está solo, y se mira en el espejito.

KIKIM (emocionado): ¡Es mi querido padre! ¡No hay ninguna duda! ¡Cómo se parece a mí! Pero, ¿cómo pudo aparecer este retrato? ¿Será tal vez el anuncio de algo malo? (Vuelve a mirar para todos lados y guarda el espejo dentro de un jarrón. En ese instante aparece Lili, que lo observa sin que él se dé cuenta. Lili desaparece y vuelve, disimulando, después que Kikim escondió el espejito.)
LILI (disimulando): ¡Buenos días, amable Kikim!
KIKIM (en la misma forma): ¡Buenos días, querida Lili!
LILI: Esta humilde muchacha ha soñado que Kikim no le es leal.
KIKIM: ¡Qué sueño mentiroso! ¡Kikim será pronto el cariñoso esposo de Lili!
LILI: Una palabra buena puede ocultar un pensamiento malo.
KIKIM: Este esclavo repite: ¡Mi cariño será luminoso como el sol y suave como la luna!
LILI: Pero hay días sin sol y noches sin luna, infiel Kikim.
KIKIM: ¡En los días sin sol y en las noches sin luna, Kikim será siempre para Lili!
LILI: ¡Mentiroso!
KIKIM: Kikim no miente.

LILI: Contesta, entonces, sin mentir... ¿Qué has ocultado en aquel jarrón?

KIKIM: ¡Tan linda y tan curiosa! En el jarrón está guardado un retrato de mi padre. ¡Quiero conservarlo en secreto!

LILI: Kikim no debe tener secretos para Lili. (Retira el espejo del jarrón y se mira en él. Da un grito.) ¡Falso! Éste no es el retrato de tu padre, sino el de una muchacha fea.

KIKIM: Lili ha perdido la razón. ¡Es mi padre!

LILI: ¡Mira esa cara de crisantemo marchito!

KIKIM: ¡Pero si es mi padre!

SACERDOTE:(entrando). Hijos míos, ¿por qué riñen de ese modo?

KIKIM: Venerable anciano: mi futura esposa ha perdido la razón.

LILI: ¡Venerable señor, Kikim me es infiel!

SACERDOTE: ¿Por qué?

LILI: Escondió el retrato de una joven en un jarrón. ¡La mujer más fea del mundo!

KIKIM: Juro que es el retrato de mi padre cuando era joven.

SACERDOTE: ¡No comprendo cómo han podido engañarse al contemplar...

LILI:(interrumpiendo) ¿La cara de esa muchacha horrible?

SACERDOTE: ¡No! ¡Al contemplar la santidad de este retrato!

KIKIM: ¿No es mi padre?

SACERDOTE: ¡Es el retrato fiel de un venerable sacerdote!

(Kikim y Lili quedan atónitos. Después se miran, sonríen y corren a abrazarse).

PONGETTI CAMARGO,
El retrato misterioso.

A Una vez leído el texto anterior vas a transformarlo en un texto narrativo. Para hacerlo, debes introducir un narrador que hable en primera o en tercera persona, y agregar los elementos necesarios.

EJEMPLOS:

(1a persona)
Un día, por casualidad, cayó en mis manos un pequeño objeto. Me sentí un poco asustado al verlo, porque era un retrato de mi padre que yo no conocía. Miré para todos lados porque deseaba estar solo y lo volví a mirar.

(3a persona)

En la antigua China, en una época en que el espejo era un objeto desconocido, sucedió algo muy divertido. Un día, por casualidad cayó un espejito en manos de Kikim. Al verlo se asustó un poco puesto que creyó que era un retrato de su padre que él no conocía. Miró para todas partes, con el fin de cerciorarse de que estaba solo y se miró al espejo una vez más.

Bibliografía

Arreola, Juan José, *Confabulario y varia invención*, FCE (Letras mexicanas, 2), 2a. ed., México, 1955.

Baroja, Pío, *Cuentos*, Alianza Editorial, Madrid, 1973.

Benedetti, Mario, *Andamios*, Alfaguara, México, 1997.

Bioy Casares, Adolfo, *La invención de Morel*, Alianza Editorial (El libro de bolsillo), Buenos Aires, 1968.

Borges, Jorge Luis, *Manual de zoología fantástica,* FCE (Breviarios), México, 1987.

Calvino, Ítalo, *El príncipe cangrejo*, Espasa-Calpe/Conaculta (Col. Botella al Mar), México, 1990.

Campo, Ángel del, *Ocios y apuntes*, Porrúa, México, 1988.

Delgado, Rafael, *Cuentos*, UNAM (Biblioteca del estudiante universitario), México, 1973.

García Márquez, Gabriel, *Cuentos peregrinos*, Diana, México, 1992.

Garduño, Sonia Araceli, *La lectura y los adolescentes*, UNAM (Serie Monografías, 20), México, 1996.

Gómez de la Serna, Ramón, *Greguerías*, Cátedra, Madrid, 1987.

Gutiérrez Nájera, Manuel, *Cuentos y Cuaresmas del Duque Job*, Porrúa (Sepan cuantos, 19), México, 1974.

Hesse, Herman, *Relatos*, Editores Mexicanos Unidos, México, 1992.

Lara Zavala, Hernán, *El mismo cielo*, Joaquín Mortiz (Serie El volador), México, 1987.

Márquez, Josep-Vicent, *Amores imposibles*, Montesinos, Barcelona, 1988.

Melo, Juan Vicente, *La rueca de Onfalia*, Universidad Veracruzana, (Ficción breve), México, 1996.

Mutis Álvaro, *Ilona llega con la lluvia*, Diana, México, 1988.

Pacheco, José Emilio, *Las batallas en el desierto*, ERA, México, 1982.

Quiroga, Horacio, *Cuentos*, Editorial Porrúa (Sepan Cuantos, 97), México, 1972.

Sampedro, José Luis, *La sombra de los días*, Alfaguara, Madrid, 1996.

Samperio, Guillermo, *Gente de la ciudad*, FCE, México, 1986.

Sepúlveda, Luis, *Historia de una gaviota y del gato que le enseñó a volar*, Tusquets (colección Andanzas), México, 1996.

Valadés, Edmundo (selección), *El libro de la imaginación*, FCE, México, 1978.

Vargas Llosa, Mario, *Los cachorros*, Salvat Editores, España, 1970.

Zepeda, Eraclio, *Asalto Nocturno*, Joaquín Mortiz (Serie El Volador), México, 1979.